Rob Kieffer

Büßer, Bürokraten und Bierologen

Belgische Eskapaden

Rob Kieffer

Büßer, Bürokraten und Bierologen Belgische Eskapaden

Picus Lesereisen

Picus Verlag Wien

Die Deutsche Bibliothek – CIP-Einheitsaufnahme

Kieffer, Rob
Büßer, Bürokraten und Bierologen: belgische Eskapaden /
Rob Kieffer. – Wien: Picus-Verl., 2000
(Picus Lesereisen)
ISBN 3-85452-736-5

Grafische Gestaltung: Dorothea Löcker, Wien
Umschlagabbildung: © Tourismusverband Flandern – Brüssel
Druck und Verarbeitung: Remaprint, Wien
ISBN 3-85452-736-5

Inhalt

Das Land der Paradoxe

Einleitung

Belgien ist das Land der Paradoxe. Das Königreich hat geniale Geister geboren, wie Adolphe Sax, der der Musikwelt das Saxophon bescherte, oder Jacques Brel, der mit seinem Brüsseler Akzent Chansons von unvergleichlicher Schwermut vortrug. Belgien ist aber auch die Heimat genialer Bürokraten und Steuergeldverschwender, denen im vom Fernsehjournalisten Jean-Claude Defossé recherchierten Bestseller »Le petit guide des grands travaux inutiles« (Kleiner Führer der großen nutzlosen Bauarbeiten) ein Denkmal gesetzt wurde. Die Stories um Spitäler ohne Patienten, Parkgaragen ohne Zufahrtsrampen und U-Bahn-Röhren ohne U-Bahn klingen wie grobe Satire, sind aber im höchsten Grade authentisch.

Voller Widersprüche zeigen sich die Belgier auch in anderen Bereichen. So schätzen sie ihren König, sind aber anarchisch, wenn es darum geht, der Obrigkeit eins auszuwischen: Schummeln bei der Steuererklärung wird wie ein Volkssport betrieben; Strafzettel werden nur murrend bezahlt. Diese Nonchalance im Umgang mit amtlicher Bevormundung kann bisweilen in südländische Disziplinlosigkeit ausarten.

Nichts und niemanden ernst nehmen, auch nicht sich selbst, mit dieser Devise verscheuchen Flamen und Wallonen Krisengewitter und Pessimismus. Vor allem aber sind sie Genießer. Und es ist gerade diese Bonvivant-Facette, die Belgien als

Reiseland so verführerisch macht. Wo sonst kann man in einem so kleinen Land über sechshundert Biersorten kosten? Wo sonst wird alljährlich vom Gaststättenverband die beste Frittenbude prämiert?

Daß die Belgier noch immer lieber vor einem vollen Humpen saßen, als die Nachbarn mit kriegerischen Gelüsten zu piesacken, wird besonders in ihrer Hauptstadt deutlich. In Brüssel wird nämlich keine schwerterschwingende Rachegöttin, kein sauertöpfischer Heiliger, kein medaillenüberhäufter Feldwebel in Ehren gehalten, sondern schlicht ein pinkelnder Bronzeknabe, das schelmische Manneken-Pis.

Lustvolles Stöbern im Sammelsurium

Flohmarkt, Meeresschnecken und Bausünden in den Brüsseler Marollen

Das Sammelsurium, das auf den Pflastersteinen der Place du Jeu de Balle ausgebreitet ist, könnte einem surrealistischen Gedicht von Jacques Prévert entstammen: defekte Feuerlöscher, Christbaumständer, Fahrradketten, rostige Vogelkäfige, Plastikmadonnen mit Lourdes-Wasser, verdreckte Teigrollen, Nachttöpfe, Gasmasken aus Militärbeständen, zerbeulte Keksdosen, ausgeweidete Flipperautomaten, Schwarzwälder Kuckucksuhren, zerfledderte Comics oder vergilbte Ahnenporträts mit Opa in Offiziersuniform.

Das lustvolle Stöbern auf dem Vieux Marché, dem Flohmarkt im Herzen des Marollen-Viertels, ist ein Hobby der Brüsseler. *Fouine* nennt sich dieses ungestüme Wühlen in Haufen von Ramsch und Nippes, von Krimskrams und Kitsch, von Plunder und Schrott. Doch zwischen lauter unnützem Zeug verbergen sich gelegentlich Sammlerperlen: eine alte Balgenkamera, kostbare Broschen, ziselierte Weingläser, ein Ballettkleid aus der Theaterrequisite oder Aktienscheine der Trambahngesellschaft von Buenos Aires aus dem Jahre 1907.

An diesem Januartag ist es eisig kalt, und so mancher fröstelnde Marktbesucher wärmt seine Hände, indem er einen heißen Plastikbecher mit *caricoles* umklammert. Diese Brüsseler Trottoirspezialität, Meeresschnecken in einem scharfen Gemüsesud, wird von stämmigen Verkäuferinnen angeboten. Die energischen Damen müssen bisweilen einen lauten *Godferdoume*-Fluch ausstoßen, um ihren Karren mit dem dampfenden Kessel durchs Gedränge manövrieren zu können.

Zur Mittagszeit beginnen die Händler wieder, ihre Kisten zu packen und ihre Warenbündel zu schnüren. Dann füllen sich die umliegenden Kneipen, die Chez Willy oder Aux anciennes 3 portes heißen. Musetteklänge dringen nach draußen. Hinter beschlagenen Fenstern sitzt ein buntes, schwatzendes Volk bei dünnschaumigem Pils, bei Buletten und Pommes frites. Man trifft hier genauso den Arbeitslosen mit bemaltem Gipsarm an wie den hochdotierten Europabeamten, der selig die gerade erworbenen Ansichtskarten aus der Belle Époque inspiziert.

Der Brüsseler Flohmarkt, nicht zu verwechseln mit dem vornehmen Antiquitätenmarkt im angrenzenden Sablon-Viertel, ist der einzige Markt Europas, der 365 Tage im Jahr stattfindet, jeweils von sieben bis vierzehn Uhr – und das mit einer langen Vergangenheit. Ursprünglich – von 1640 bis 1873 – hatte der Vieux Marché, der Alte Markt, an der heutigen Place Anneessens im Stadtkern gelegen. Dann wurde das Flüßchen Senne überdeckt, um Platz für prunkvolle Boulevards und Patrizierhäuser zu schaffen, zu denen der Proletenmarkt nicht mehr so recht paßte. Ein Chronist erboste sich über »seinen Lärm, seine äußerste Armut und seine Flöhe«. Also wurde das chaotische Treiben in die Marollen verlegt, jenes Ur-Brüsseler Viertel hinter den Festungsmauern, in das früher die Armen und Aussätzigen abgeschoben wurden.

An den Marollen haftete ein morbides Renommee, weil dort die Galgen standen. Mitte des

16. Jahrhunderts buddelte der berühmte Anatom Andreas Vesal heimlich die Leichname der Gehenkten aus, um sie zwecks Forschung zu sezieren. Im Mittelalter mußten sich hier die Weber und Gerber niederlassen, weil der bei ihrem Handwerk benutzte Urin teuflisch stank. Es folgten die Schuster, Kesselflicker, Tischler, Tagelöhner, Marktweiber, Bettler. Auch darbende Künstler zogen der billigen Mieten wegen in die Marollen. Dort, wo die Rue de la Porte Rouge in die Rue Haute mündet, kann man das alte Giebelhaus besichtigen, in dem der Maler Pieter Breughel der Ältere von 1563 bis zu seinem Tode im Jahre 1569 lebte.

Benannt wurde das Viertel nach den Schwestern des Maricollen-Ordens, die es sich zur Aufgabe gemacht hatten, Dirnen und Säufer zu bekehren. Die Nonnen hatten reichlich zu tun. Während man im Jahre 1783 in ganz Brüssel 74.427 Einwohner zählte, hausten allein in den Marollen 10.710 Leute unter menschenunwürdigen Bedingungen. Wohnmisere, Prostitution, Alkoholismus (Anfang des 19. Jahrhunderts kam eine Kneipe auf hundert Einwohner) machten die Marollen zum elendigen Hinterhof Brüssels.

Trotz der düsteren Vergangenheit ist das Häusergeviert zwischen den beiden parallel verlaufenden Straßen Rue Haute und Rue Blaes eine der faszinierendsten Ecken der belgischen Kapitale, eine Mischung aus Kreuzberg und Hafenstraße, durchmischt von einem Hauch Maghreb und einer Prise Bosporus. »Die Touristen interessieren sich leider nur für den volkstümlichen Flohmarkt«, bedauert Rosemarie van Peer, die im Auftrag des städtischen Fremdenverkehrsamtes Besucher durch dieses 52 Hektar große Wohngebiet lotst. »Dabei sind die Marollen ein sensibler Mikrokosmos, in dem sich seit Jahrhunderten alle sozialen und urbanen Probleme der Hauptstadt widerspiegeln.«

Mögen langsam schicke Modeboutiquen, Designershops und Austernbars Besitz von den Marollen nehmen, so sind die Schattenseiten der »Dame Europas«, wie Brüssel sich stolz tituliert, nicht zu übersehen. Unbeschreiblich häßlich sind die 1914 eingeweihten kasernenartigen Mietsilos der Vieux Blocs, damals der Inbegriff des fortschrittlichen Wohnungsbaus, oder das Anfang der siebziger Jahre hochgezogene Quartier La Querelle entlang der Eisenbahntrasse. Im Gegensatz zu diesen tristen Wohnblöcken stehen einige stilvolle Bürgerhäuser wie der frühere Sitz der Kaffeerösterei Jacqmotte an der Ecke Rue Haute/Rue du Miroir. Doch von vielen dieser einst schmucken Fassaden bröckelt der Putz, die Läden im Erdgeschoß vermelden definitiven Ausverkauf. Es fehlt das Geld, oft auch bloß der Wille zur Restaurierung. Doch das ist in Brüssel, wo Milliarden in seelenlose Silos für Bürokraten und Eurokraten investiert werden, eine leidige, unendliche Geschichte.

Ansonsten dominieren in den Marollen die Haushaltswaren-, Tapeten- und Trödelgeschäfte, Waschsalons, neonbeleuchtete Day-and-Night-Shops, in denen man rund um die Uhr Dosenbier und Sandwiches kaufen kann, sowie basarbunte Läden, die Namen tragen wie Aux 100.000 casserolles (Zu den 100.000 Kochtöpfen), Pakistan-Indian-African-Food-Center oder Colonial Store. Naschkatzen bevorzugen die Epicerie Beurfin in der Rue Haute, wo es den besten Käsekuchen Brüssels zu kaufen gibt. An einem benachbarten Gebäude erinnert eine Plakette daran, daß dort der Mundharmonika-Virtuose Jan »Toots« Thielemans lange Jahre lebte. Die Eltern des später nach Amerika ausgewanderten Jazzmusikers betrieben in diesem Haus ein Café.

Zwischen abgetakelten Häusern mit moosbewachsenem Backstein, in denen legal und illegal zugereiste Immigranten billige Zimmer mieten, verbirgt sich so manches Jugendstiljuwel, etwa der Kindergarten in der Rue Saint-Ghislain, der zwischen 1895 und 1900 vom Architekten Victor Horta errichtet wurde. Das schlichte Schulgebäude kokettiert mit geschwungenen Linien, einem putzigen Türmchen sowie einer Glasüberdachung, die viel Licht in die Klassenräume läßt.

Ein anderes Jugendstilkleinod, das Horta am Saum der Marollen erbaute, fiel einer von vielen haarsträubenden Bausünden, denen die Brüsseler ihr Rambo-Image in Sachen Denkmalschutz verdanken, zum Opfer. Die 1899 fertiggestellte Maison du Peuple an der Place Emile Vandervelde war im Auftrag der belgischen Arbeiterpartei entstanden. Mit seinen mächtigen Eisenträgern und seinen schnörkelreichen Balkonen galt dieses öffentliche Volkshaus als Meisterwerk des Art nouveau. Doch als die Arbeiterpartei 1960 ihre leeren Kassen auffüllen mußte, verscherbelte sie ihre Immobilie, und Hortas Bravourstück wurde trotz weltweiter Proteste abgerissen. Die Schrotthändler verhökerten die schmiedeeisernen Dekorelemente für 2,50 Franken das Kilo. Heute steht anstelle der Maison du Peuple ein gräßlicher, 28 Stockwerke hoher Büroturm.

Skandalgeschichten, in denen Abrißbirne und Bagger die Hauptrolle spielen, bekommt man in den Marollen an jedem Tresen zu hören. An graffitibeschmierten Fassaden kleben Plakate mit der Aufschrift »Bruxelles n'est plus à vendre« (Brüssel ist nicht länger käuflich). Die Menschen hier haben reichlich Übung im Kampf gegen Wohnungsnot, Spekulantentum und Miethaie. Schon zwischen 1866 und 1883 ließ der megalomanische Architekt Joseph Poelaert ganze Häuserzeilen dem Erdboden gleichmachen, um für König Leopold II. den titanischen Justizpalast zu errichten, der zu seiner Entstehungszeit das größte Gebäude der Welt war, noch größer als der Petersdom in Rom. Seit Poelaerts Zeiten ist der Ausdruck *schieven archietekt*, blöder Architekt, ein allgemein gebräuchliches Schimpfwort.

Einer gigantischen Akropolis gleich thront der Palais de Justice mit seiner 104 Meter hohen Kuppel und seinem Stilpotpourri aus griechischen und ägyptischen Säulen und Kapitellen über dem Flickwerk von Gassen und Hinterhöfen. Verlaine war eingeschüchtert von den »babylonischen Ausmaßen, furchterregend wie das Gesetz«. Orson Welles hatte gar beabsichtigt, in dem Labyrinth von 245 Büros und 27 Gerichtssälen Kafkas »Prozeß« zu verfilmen.

In den sechziger Jahren sorgte der verhaßte Justizpalast erneut für Aufruhr. Drei Wohninseln sollten einem Ausbau des Klotzes weichen. Das Einwohnerkomitee unter Führung des streitbaren Pfarrers Van der Biest protestierte so hartnäckig, daß 1969 der Plan in der Schublade verschwand. »Es war die erste Schlacht, die von den *Marolliens* gewonnen wurde«, triumphiert noch heute Antoine, ein arbeitsloser Stahlarbeiter, der gemeinsam mit dem Kapuzinerpater Walbert in einem puppenstubenniedlichen Häuschen an der Place du

Jeu de Balle eine Kaffeestube für Bedürftige eingerichtet hat. Die »Amis de la Petite Maison« (Freunde des kleinen Hauses) geben Schreib- und Leseunterricht, helfen bei Behördengängen, bringen Obdachlose in Schlafunterkünften unter, organisieren verbilligte Kino- und Theaterbesuche. »In diesem Viertel hat man eine große Schnauze, aber auch ein großes Herz«, beteuert Antoine.

Obwohl in den Marollen viele Kirchen- und Ordenseinrichtungen Nachbarschafts- und Sozialhilfe leisten, gelten die Einwohner traditionsgemäß nicht als besonders fromm. Die Marollen waren ein aufmüpfiges »rotes Revier«, in dem die Thesen von Marx und Engels, die in Brüssel ihr »Kommunistisches Manifest« veröffentlichten, auf fruchtbaren Boden fielen. Reibereien zwischen Pfarrern und Antiklerikalen waren an der Tagesordnung. Manche Episoden erinnern an Szenen aus »Don Camillo und Peppone«. Wenn Prozessionen durch die Straßen zogen, kam es vor dem Sitz der Arbeiterpartei stets zu Zwischenfällen. Gewerkschafter mit Schubkarren reihten sich heimlich in den Prozessionszug ein, um die kirchliche Feier lächerlich zu machen. Schließlich wurde Abbé Verbesselt, ein zwei Meter hoher Flame mit Boxerstatur, in die Marollen versetzt. Bei Gottesdiensten umgab er sich mit nicht minder muskulösen Meßdienern, einer Art geistlicher Bodyguards, die ihre Weihrauchfässer auch schon mal als Schlagwaffe benutzten. Vor Pfarrer Verbesselt hatten selbst die rauflustigsten Kirchenfeinde großen Respekt, und für einige Zeit kehrte Ruhe in die Gotteshäuser der Marollen ein.

Halleluja für acht Pilger

Mysterienspiel im flämischen Rutten

Das Massaker beginnt stets pünktlich. Nachdem der Festtagsbraten vertilgt, nachdem das Dessert hurtig mit einigen Schlückchen Genever hinuntergespült ist und um 14.30 Uhr die Glocke der Pfarrkirche das ganze Dorf zusammengeläutet hat, ist es um acht unbescholtene Ruttener Bürger geschehen. Von Säbeln durchbohrt, hauchen sie ihr Leben aus. Ihr Aufenthalt im Jenseits ist jedoch nur von kurzer Dauer, die Auferstehung folgt prompt. Denn die Dahingemeuchelten sind nur Akteure eines Mysterienspiels, das dem heiligen Evermarus gewidmet ist und alljährlich am ersten Mai in Rutten, einem behäbigen Weiler in der flämischen Provinz Limburg, aufgeführt wird.

Dem Kirchenfest liegt eine Episode aus fernen Pilgertagen zugrunde. Ende des siebten Jahrhunderts (über die präzise Zeitangabe führen Klerus und Historiker erbitterte Fehden) wurde der junge Evermarus, Sproß einer wohlhabenden Friesenfamilie, zum mittelalterlichen Aussteiger. Mit sieben Gleichgesinnten pilgerte er nach Santiago de Compostela in Nordspanien, der damaligen Hochburg christlicher Wallfahrten. Die gefahrvolle Reise, alles natürlich zu Fuß, dauerte mehrere Jahre, da die Pilger noch zahlreiche Stippvisiten zu dem einen oder dem anderen Heiligengrab machten. Dann traten die christlichen »Tramper« schließlich die Rückreise an.

Als sie bei Rutten, nahe Belgiens ältester Stadt

Tongeren, anlangten, wurden sie von der einbrechenden Dunkelheit überrascht. Sie klopften am Tor eines herrschaftlichen Gutes an, ohne zu wissen, daß dort der Räuberhauptmann Hacco residierte, der sein blutrünstiges Renommee vor allem seiner Christenfeindlichkeit verdankte. Hacco war gerade auf Raubzug, so daß seine fromme und barmherzige Gattin es riskierte, den Erschöpften heimlich Unterkunft zu gewähren.

Es kam, wie es kommen mußte: Ein Dienstbote verpetzte alles, der heimgekehrte Räuber geriet in Rage und verfolgte mit seinen Schergen die Wallfahrer. Er stöberte sie auf, als sie gerade unter einem Baum ein Nickerchen hielten, und richtete sie schnurstracks hin. Pippin von Herstal entdeckte die Leichname während einer seiner Jagdausflüge und ließ sie bestatten. Als der Körper des Evermarus ins Grab gesenkt werden sollte, umgab ihn eine geheimnisvolle Aureole, die als himmlisches Zeichen gedeutet wurde. Der Jakobspilger wurde in den Heiligenstand erhoben, was noch allerlei Wunder zur Folge hatte. Die Gebeine des Märtyrers wurden zwei Jahrhunderte später in die Pfarrkirche von Rutten überführt, wo seitdem jedes Jahr seines Todes gedacht wird.

Während jedoch der Büßergang in Veurne oder die Prozessionen in Brügge und Lessines berühmt sind, ist das bescheidenere Evermarus-Fest eines der merkwürdigsten und am wenigsten bekannten kirchlichen Feste Belgiens. Der Prolog zum Mysterienspiel erfolgt am Morgen des ersten Mai. In einer farbenprächtigen Prozession, angeführt von zwei in Laubwerk gehüllten »wilden Männern«, defilieren sämtliche Darsteller durchs Dorf. Die acht Einheimischen, die die Ehre haben, die Pilger zu mimen, halten Pilgerstab und Rosenkranz in der Hand. Sie tragen derbe Wanderschuhe und ein ledernes, mit Muschelschalen behaftetes Collier und wirken – heiliger Evermarus verzeih! – ein wenig, als ob sie Reklame für ein Fischrestaurant machten. In Wirklichkeit ist die Jakobsmuschel das Symbol der Santiago-Pilger. Mit anderen Kostümteilen nimmt man es hingegen nicht so historisch genau: So haben sich im Laufe der Zeit anachronistische Elemente wie Krawatte, Sonnenbrille und Armbanduhr eingeschlichen.

Hinter den Todgeweihten schreiten ihre Schutzengel, eindeutig weiblichen Geschlechts und im Teenager-Alter. Diese himmlischen Leibwächter werden sich leider im entscheidenden Augenblick als machtlos entpuppen. Dann folgen die Dorfgeistlichen, die Schulkinder, in putzigen Kostümen als Mini-Pilger ausstaffiert, die Jungbauern von der »Boerengilde«, eine Schatulle mit dem Unterkiefer des Heiligen, die Fußballspieler, noch ein Reliquienschrein, die Bogenschützen, die pensionierten Minenarbeiter, dazwischen eine Menge Vereinsfahnen.

In gebührendem Abstand zu Evermarus und seinen Freunden (noch haben diese eine Galgenfrist) tritt dann Hacco mit einer vierzigköpfigen berittenen Horde auf. Ob Ackergäule, Ponys, Zuchthengste oder Reitstuten – man hat alles aus den Ställen geholt, auf dessen Rücken sich ein Sattel schnallen läßt.

Der Umzug führt an blitzblanken, geraniengeschmückten Gehöften mit grüngestrichenen Scheunentoren vorbei. Alles ist adrett, idyllisch, wie aus einem Baukasten. Und so wie darauf geachtet wird, daß im Tulpengarten keine anarchische Unordnung herrscht, sondern die Beete wie mit einem Lineal gezogen wirken, so pedantisch ernst nimmt man auch das Evermarus-Drama. Wer sich der Feier entzieht, wird schief angeschaut.

Der morgendliche Umzug endet bei einer kleinen Kapelle inmitten saftiger Limburger Weiden und von Pappeln gesäumter Feldwege. In dieser Kulisse spielt sich nachmittags auch die spannungsgeladene Fortsetzung ab. Jung und alt drängen sich um ein Wiesenstück, das als »heiliger Rasen« gilt. Evermarus und seine sieben Pilgergenossen, unentwegt betend, umrunden den Platz mehrere Male, ehe sie sich im Schatten der Bäume zum Dösen hinlegen. Mancher soll schon, nach üppig genossenem Festmahl, tatsächlich tief eingeschlafen und in unziemliches Schnarchen verfallen sein. Die Engel wedeln den Rastenden unterdessen mit Palmzweigen frische Luft zu.

Aus der Ferne erklingen Fanfarenstöße: Haccos Mannen kommen in einem so halsbrecherischen Tempo über die nahen Felder herangaloppiert, als gelte es, für einen Western zu proben, der »Halleluja für acht Pilger« heißen könnte. Hacco beschimpft Evermarus als »räudigen Christenhund«, dieser fleht den Räuberhauptmann an, doch wenigstens das Leben seiner Wegbegleiter zu schonen. Vergebens: Die Opfer werden zu Boden gestoßen, Säbel werden gezückt und symbolisch neben den Körpern in die Erde gerammt. Ein letztes Röcheln, dann strecken die Unbescholtenen alle viere von sich. Der filmreife Tod wird von den Engeln mit Klageliedern begleitet, die Musikkapelle spielt eine Trauermelodie. Einige Touristen können sich das Grinsen nicht verkneifen, derweil sich eine ältere Frau verstohlen eine Träne aus dem Augenwinkel wischt.

Die Finesse des Drehbuchs sieht jedoch noch einen dramaturgischen Effekt vor: Einer der Pilger, traditionsgemäß der jüngste, hat sich nur totgestellt und flüchtet, verfolgt von Haccos Reitern, die mit ihren Ruten auf ihn eindreschen. Der Flüchtling entkommt auf einen nahen Bauernhof, die Rotröcke folgen im Galopp. Dort herrsche erst einmal einige Flaschen Bier lang Waffenstillstand, erklärt mir ein Einheimischer.

Wir warten nicht ab, bis den letzte Pilger nach wiederholten Verfolgungsjagden dann doch das Zeitliche segnet, und kehren zum Dorf zurück. Als wir am Tatort vorbeikommen, ist dieser gähnend leer. Keine Engel, keine toten Pilger. Sind sie etwa schon ins Paradies entschwebt und laben sich am Manna? Keinesfalls. Später, auf der Kirmes, begegnen wir ihnen wieder: Evermarus und seine Genossen, quicklebendig, erholen sich am Bierstand von ihrem Märtyrertod.

»Grand Sablon« versus »Grote Zavel«

Der Sprachenstreit nimmt bisweilen surreale Züge an

Besucher, die durch das auf der Grand' Place gelegene Brüsseler Rathaus geführt werden, wird auch ein Blick in den mit wertvollen Gobelins aus dem 18. Jahrhundert geschmückten Rathaussaal gewährt. Nur eine neuzeitliche Plexiglasbox am Kopfende des Sitzungssaales will nicht so recht zu den gotischen Holzbänken, den barocken Deckengemälden oder den Wappenschildern der Zünfte passen. Die Führerin erklärt den Zweck der unästhetischen Glasabtrennung: Dort sitzen die beiden Dolmetscher, die während der kommunalen Sitzungen die Äußerungen der wallonischen und flämischen Gemeinderäte übersetzen, einmal ins Französische, einmal in das mit dem Niederländischen verwandte Flämische. Obwohl natürlich fast alle Gemeinde-Ädilen beide Sprachen beherrschen, wird der Sprachengleichheit bis ins Groteske Rechnung getragen.

In der belgischen Kapitale nimmt der Sprachenstreit bisweilen surreale Züge an. Brüssel ist eine zweisprachige Enklave, in der die Flamen in der Minderheit sind und die französischsprachigen Wallonen zirka 85 Prozent der Einwohner stellen. Alle Hinweis- und Straßenschilder in »Bruxelles« (wallonisch), respektive »Brussel« (flämisch), sind in den beiden gleichberechtigten Landessprachen verfaßt. Würde man auch noch die 65.000 deutsch sprechenden Belgier in den Ostkantonen berücksichtigen, müßte sogar noch eine dritte, deutsche, Version hinzugefügt werden.

Doch auch schon zwei Sprachen genügen vollauf, um Besucher zu irritieren. Die »Avenue de l'Astronomie« ist zugleich die »Sterrenkundelaan«, die »Rue du Fossé-aux-Loups« die »Wolvengracht« und der »Grand Sablon« der »Grote Zavel«. Für den Benutzer der U-Bahn dürfte es hilfreich sein, wenn er weiß, daß die Station »Botanique« sich auf flämisch »Kruidtuin« nennt. Dem nach Richtungsschildern Ausschau haltenden Autofahrer wird es hoffentlich nicht verborgen bleiben, daß »Lüttich« auf wallonisch »Liège« und auf flämisch »Luik« heißt. Selbst dem Kneipengast wird in zwei Sprachen mitgeteilt, daß er sein Bier zapffrisch vom Faß bekommt: *du fût* und *van't vaat* steht hinter dem Tresen.

Der Sprachenzwist, dessen Ursprung tief in der Geschichte des Königreiches verwurzelt ist, ist ein ewiger Stolperstein, über den schon viele Regierungen gestürzt sind. Auf dem Territorium des heutigen Belgien dominierte bis zum 16. Jahrhundert das Niederländische, die Sprache des Bürgertums. Doch bei den Herrschenden und den Adligen galt es zusehends als vornehm, sich der französischen Ausdrucksweise zu bedienen.

Während der spanischen Religionskriege wurde der sich in den flämischen Regionen ausbreitende Protestantismus bekämpft. Zahlreiche flämische Gelehrte, Händler und Künstler flüchteten ins Ausland. Die flämische Kultur verlor ihre besten Köpfe, und auch die Sprache degenerierte und spaltete sich zu Dialekten, die vorwiegend in der ländlichen Bevölkerung gesprochen wurden. Waren einst die Flamen für ihr vorbildliches Bildungssystem berühmt (bereits im 14. Jahrhundert kannten Städte wie Antwerpen, Aalst oder Gent nur wenige Analphabeten), so wurden sie auch in dieser Hinsicht ins Abseits geschoben. Als das 18. Jahrhundert zur Neige ging, waren es bloß noch vier Prozent der Flamen, die des Schreibens und Lesens kundig waren.

Beim Erlangen der Unabhängigkeit im Jahre 1830 wurde das Französische zur Sprache der Regierenden, der Justiz, des Handels und der Universitäten. Auch im ökonomischen Bereich hatte sich die Lage gewandelt. Während im südlichen Wallonien der Kohlebergbau und die Schwerindustrie aufblühten, war das einst durch Handel und Tuchindustrie reich gewordene Flandern im nördlichen Landesteil zur ärmlichen Agrargegend geschrumpft. Flandern wurde verächtlich als »Land der Knechte und Dienstboten« abgekanzelt. Im Ersten Weltkrieg starben viele flämische Soldaten in den Schützengräben Nordwestflanderns, weil sie die französischen Befehle der sie kommandierenden wallonischen Offiziere nicht verstanden.

Erst in den dreißiger Jahren des zwanzigsten Jahrhunderts konnte die wieder erstarkte flämische Bewegung, die von renommierten Autoren wie Guido Gezelle oder Albrecht Rodenbach publizistische Schützenhilfe erhielt, wiederum erste Erfolge erzielen, nicht ohne dabei in einen von der rechtsextremen Politfront genährten Nationalismus zu verfallen. In einer ersten Phase konnte eine sprachliche Gleichstellung in Bildung, Verwaltung, Armee und Justiz durchgesetzt werden. 1963 wurde vom Parlament eine wie mit dem Lineal gezogene Sprachengrenze geschaffen, die quer durch das Land in Ost-West-Richtung verläuft. 1971 wurde den beiden Sprachengruppen größere Autonomie in Wirtschaft und Kultur zugesichert. Doch erst 1980 wurde mit der Regionalisierung die föderalistische Staatsstruktur verwirklicht. So gibt es nunmehr in Belgien drei Gemeinschaften: die französischsprachige, die niederländischsprachige und die deutschsprachige; sowie drei Regionen: Flandern, Wallonien sowie die Brüsseler Region. All diese Institutionen wurden in vielen Bereichen mit eigenen autonomen Kompetenzen ausgestattet.

Brüssel, als glitschiger »Ölfleck« bezeichnet, kompliziert die ohnehin verworrene Sprachensituation. Früher von Flamen beherrscht, dann mehrheitlich von Wallonen bevölkert, ist die Hauptstadt eine frankophone Insel in der flämischen Provinz Brabant. Um es jedoch beiden Sprachengruppen recht zu machen, wurde ein zweisprachiger Sonderstatus geschaffen. Zwar treffen sich in Brüssels Straßen demonstrierende Flamen und Wallonen nicht mehr zu wüsten Prügeleien, doch der Kampf um die Vormachtstellung ist nach wie vor an der Tagesordnung. Obwohl in der Minderheit, haben viele in Brüssel beheimatete Flamen sich auf wichtige Machtposten hieven können. Nicht zuletzt die wirtschaftliche Renaissance Flanderns, hauptsächlich durch die High-Tech-Industrie bedingt, hat die Flamen in ihrem Streben nach Einflußnahme bestärkt.

In Belgien wird der Sprachenproporz und das Konkurrieren der beiden Bevölkerungsgruppen oft ad absurdum geführt. Jahrzehntelang wurde einer der schönsten Plätze Brüssels, die Place des Martyrs mit ihren Häusern im Louis-seize-Stil, dem Verfall überlassen, weil keine der beiden Parteien nachgeben wollte. Während die Flamen in den Bauten Büros von flämischen Verwaltungen unterbringen wollten, beharrten die Wallonen auf ihrem Projekt, den Platz in ein Wohn- und Geschäftsviertel umzumodeln.

Seit Brüssel im Jahre 1989 eine eigene Region namens »Région Bruxelles-Capitale« wurde, ist für urbanistische und wirtschaftliche Fragen ein Kollegium von fünf Ministern und drei Staatssekretären, streng nach Sprachenverhältnis zusammengestellt, zuständig. Kritiker dieser Regionalisierung sind jedoch der Meinung, daß dadurch die ohnehin schon lähmende Bürokratie noch schlimmer wurde.

Belgien ist und bleibt ein Land der politischen und sprachlichen Kompromisse, frei nach der belgischen Maxime, daß es besser ist, ein auch noch so schräges Arrangement zu treffen, als einen entscheidenden Reformprozeß anzustrengen.

Scheidung auf belgisch

Die Spaltung der Universität von Leuven

Fons Sapientiae kann trotz seines lateinischen Namens eine gewisse Verwandtschaft mit Frankenstein nicht leugnen. Der bronzene Gnom blickt zwar gelehrt in ein aufgeschlagenes Buch und kippt aus einem weiteren Buch verflüssigtes Wissen in sein Hirn, doch die eingefallenen Backen, die schwarzen Augenhöhlen und der Schädel, der aussieht als habe eine Dampfwalze die Haarpflege besorgt, könnte bei empfindsamen Kindern Alpträume verursachen. Fonske, wie die Leuvener kumpelhaft diese den Quell der Weisheit symbolisierende Skulptur nennen, hat wenig Ähnlichkeit mit den steinernen Bibelgestalten, Bischöfen, Grafen und Gelehrten, die die 281 Nischen des Rathauses bevölkern. Wie eine schlanke, stolze Festung ragt das zwischen 1447 und 1465 errichtete Prunkstück Brabanter Spätgotik in den flämischen Himmel. Die grazilen Türmchen, schmalbogigen Fenster und verschnörkelten Balustraden wirken zart und zerbrechlich wie eine Spitzenklöppelei.

Als die traditionsreiche Katholische Universität Leuven 1975 ihr 550jähriges Jubiläum feierte, schenkte sie Fonske der Stadt. Weil die ungehobelte Figur nicht so recht in die unmittelbare Nähe des schmucken Rathauses paßte, verbannten die Stadtoberen sie verschämt auf eine benachbarte Verkehrsinsel. Auch andere Denkmäler in Leuven, die größtenteils von der Alma mater oder deren

Mäzenen gestiftet wurden, sind von burschikoser studentischer Keckheit geprägt.

Am Alten Markt, dessen Kneipen fest in Kommilitonenhand sind, räkelt sich auf einer Bank die *kotmadam* (Kot = Unterkunft), die Vermieterin von Studentenbuden. Sie ist von jenem lasziven und frivolen Typus, wie ihn um die sittliche Standfestigkeit ihrer Zöglinge besorgte Eltern kaum begrüßen würden. Ihr Dekolleté ist verrutscht, die Beine sind unziemlich gespreizt, die Kaffeekanne hängt an der Hand des liederlich ausgestreckten Armes, der entrückte Blick läßt auf eine durchzechte Nacht schließen.

Mag Leuvens Chronik auch festhalten, einst seien Techtelmechtel zwischen Studierenden und ihren Wirtinnen oder deren Töchtern keine Seltenheit gewesen, so freizügig wie die Bronzefigur am Alten Markt gebärden die *kotmadams* sich wohl kaum. »Im Stadtkern gibt es nur wenige Häuser, in denen keine Studenten wohnen«, sagt die Frau eines Dozenten, um hämisch hinzuzufügen: »Manche verlegen sogar ihre Küche und ihre Fernsehstube in den Keller, um noch mehr Zimmer vermieten zu können.«

Doch es sind nicht allein die vielen Namensschilder und Klingelknöpfe an den Türen, mit morseähnlichen Signalhinweisen, die auf die studentische Omnipräsenz hindeuten. Da ist auch das Ächzen der auf rostigen Federn auf- und abwippenden Sättel. Es kündigt das Nahen zweirädriger Schlachtrösser gerade noch rechtzeitig an, damit der Passant sich in Sicherheit bringen kann. Fahrräder mit abblätterndem Lack sind die preiswerten Nahverkehrsmittel der 26.800 in Leuven eingeschriebenen Lernwilligen. Mit Ausnahme des modernen Krankenhauses am Stadtrand haben sich die Uni-Gebäude, Fakultäten, Institute, Kollegien und Hörsäle im historischen Ortskern eingenistet. Die Universität, 1425 durch päpstlichen Erlaß gegründet und eine der ältesten Europas, hat ihre alten Renommierbauten bis in die Neuzeit bewahrt.

Das Kiebitzen in die Innenhöfe der diversen Kollegien ist wie eine Reise durch die Architekturgeschichte. 1317 errichtete die wohlhabende Weberinnung eine Tuchhalle, in der die Weber jedoch nur einige Jahrzehnte lang feilschen sollten. Leuvens Herrscher verziehen ihnen nämlich nicht, daß sie sich 1378 mit aufständischen Bauern verbrüderten und die Adligen aus den Rathausfenstern stürzten, mitten in die Lanzenspitzen der auf dem Vorplatz demonstrierenden Menge. Die Repressalien gegenüber den Zünften waren nicht weniger grausam. Leuven, an der Handelsstraße zwischen Brügge und dem Rheinland gelegen, verlor seine treibenden Kräfte und seinen Ruf als florierende Kaufmannsstadt.

Dann zog die neugegründete Universität in die einstige Tuchhalle ein. Das Gebäude, im Erdgeschoß barock, beherbergt noch heute die Verwaltung der KUL (Katholieke Universiteit Leuven). Reiche Förderer wetteiferten während der Jahrhunderte beim Bauen üppig ausgestatteter Kollegien. Das Van Dale College, 1569 vom Antwerpener Kanonikus Pieter van Dale für unbemittelte Studenten gegründet, protzt mit seinem Renaissancestil und seinem Kampanile, während die Vorderfront Spuren der Gotik zeigt. Die klassizistische Ausrichtung des Falken College, Sitz der juristischen Fakultät, kontrastiert mit dem Louis-quinze-

Stil des Prämonstratenser College, in dem das Physik-Institut untergebracht ist. Mit US-amerikanischen Geldern wurde die im Ersten Weltkrieg zerbombte, weltbekannte Bibliothek an anderer Stelle neu errichtet. Im palastähnlichen, dem flämischen Renaissancestil nachempfundenen Bau lagern über eine Million Bände.

Der verwinkelte Große Beginenhof, im Jahre 1213 gegründet und heute Wohnviertel für Studenten und Gastprofessoren, liegt mitten in der Stadt und doch fern von Fahrzeuglärm und Auspuffgasen. Nur das Plätschern des um die Backsteinhäuser mit ihren flämischen Stufengiebeln mäandernden Dijle-Flusses unterbricht die besinnliche Stille. Die Idylle einer friedlichen, immer noch von Talartradition und Korpsgeist geprägten Universitätsstadt – hier könnte sie perfekt sein, wären nicht die unangenehmen Erinnerungen an 1968.

Ortswechsel: Wir haben knapp dreißig Kilometer in südöstlicher Richtung zurückgelegt, um in eine andere belgische Universitätsstadt zu gelangen, die wiederum Leuven heißt. Halt! Der Fremde wird zurechtgewiesen. Nein, hier auf der anderen Seite der sprachlichen Demarkationslinie benutze man nie die flämische Bezeichnung Leuven, sondern man beharre auf dem französischen Namen Louvain. Louvain-la-Neuve, das neue Leuven, ist eine Stadt aus der Retorte, ein aberwitziges Produkt des leidigen belgischen Sprachenstreites. 1968, in der hitzigsten Phase des Bruderzwistes zwischen Flamen und Wallonen, setzten die flämischen Universitätsangehörigen ihre wallonischen Kommilitonen in Leuven vor die Tür.

Dieser Rausschmiß führte zur Scheidung auf belgisch, zur Spaltung der einst zweisprachigen

Universität. Die flämischsprachige Sektion blieb in Leuven; die französischsprachige, nunmehr offiziell als »Université Catholique de Louvain« (UCL) betitelt, mußte sich nach einem anderen Standort umsehen. So stürzten sich die Frankophonen in ein Abenteuer, das seinesgleichen suchte. In wallonischer Hügellandschaft, inmitten von Wiesen und Rübenäckern, wurde 1971 der erste Stein zu einer Siedlung gelegt, deren Ausbau immer noch anhält. Louvain-la-Neuve ist seit der Gründung von Charleroi im Jahre 1666 die erste neue Stadt, die in Belgien entstanden ist. Außer der medizinischen Fakultät, die man in den Brüsseler Vorort Woluwé verpflanzte, gibt es dort neun Fakultäten, die von zwanzigtausend Studenten aus über hundert Nationen frequentiert werden.

In Louvain-la-Neuve hat man Mühe, sich in dem Irrgarten von gepflasterten und gewundenen Wegen zurechtzufinden. Dies, obwohl ein ganzer Schilderwald die Richtung zum Galilei-Platz oder zur Archimedes-Straße zeigt. Die Gebäude sind modern und funktionell. Außer der an den Stil von Le Corbusier erinnernden, kirchenförmigen Universitätsbücherei an der Place des Sciences, dem Platz der Wissenschaften, sind nur wenige Bauten aus reinem Beton gegossen. Achtzig verschiedene Architekten konnten sich hier austoben. Einheitliche, sterile Bettensilos wurden in der 14.000 ständige Einwohner zählenden Stadt soweit wie möglich vermieden. Die kleinen, überschaubaren Wohn-, Hörsaal- oder Geschäftseinheiten, die nie höher als acht Stockwerke sind, wurden hauptsächlich mit den für Belgien typischen rötlichen Ziegelsteinen errichtet. Futuristische Glasfassaden mit strengen geometrischen Linien werden durch Erker, Gauben, Holzbalkone, Arkaden, Fensterbögen und Schieferdächer aufgelockert.

Nicht nur die ersten Studenten, die 1972 hier einzogen, wurden von den frankophonen Belgiern mit Applaus empfangen. Selbst Nino, der Pizzabäcker, der sich mit einer Trattoria niederließ, wurde wie ein Konquistador gefeiert. Denn zum Grundkonzept des futuristischen Modells gehörte es, Bewohner anzusiedeln, die nicht zu den Studierenden oder dem Lehrkörper gehörten. Genauso gefördert wurde die Niederlassung einer Geschäftswelt mit Reisebüros, Copyshops, Buchhandlungen und Lebensmittelläden. Mensakost an Resopaltischen wird oft durch die Frühlingsrolle beim Chinesen oder das Moussaka beim Griechen ersetzt.

Den Gründervätern schwebte kein von städtischem Leben abgenabeltes Campus-Ghetto vor, sondern eine »Town-and-gown«-Mischung nach Oxford- oder Cambridge-Muster sowie eine Fortsetzung der Heimatuniversität im mittelalterlichen Leuven.

Das Zentrum von Louvain-la-Neuve ist für Fußgänger und Radfahrer reserviert. Unter dem Pflaster befindet sich eine vierzig Zentimeter dicke Betondecke, die man wie einen gigantischen Deckel über ein unterirdisches Labyrinth von Zufahrtsstraßen und Parkdecks gelegt hat. Selbst der Bahnhof befindet sich unter dem Ortszentrum.

Louvain-la-Neuve ist eine Stadt im ständigen Laborzustand. An immer neuen Formen des Lebens und Zusammenlebens wird hier experimentiert. Daß es in den Reagenzgläsern dieses Labors zu brisanten Mischungen kommt und es bisweilen brodelt und knallt, bleibt nicht aus. Oft muß das Rektorat diplomatisch eingreifen, um die Interessen der Studenten und der ständigen Einwohner, der Händler, Beamten, Hausfrauen, Freiberufler, auf einen Nenner zu bringen. Jedes Mal, wenn im Oktober das berühmt-berüchtigte »24 heures du Vélo« veranstaltet wird, eine als Radrennen getarnte lautstarke Saufgaudi mit Rockkonzert, müssen die lärmgeplagten Mitbürger leiden. In ihrer Hilflosigkeit läßt die Universitätsleitung dann Oropax in die Briefkästen werfen.

Der letzte Schliff

Antwerpen, das Weltzentrum des Diamantengeschäfts

Über den rußgeschwärzten Bahndamm rumpeln die Züge, im nahen Bahnhof quäken die Lautsprecher. Graue Häuserfassaden, häßliche Baustellen, abgetakelte Hotels, die diskrete Zimmervermietung *dag en nacht* anbieten, zerfetzte Kinoplakate – Antwerpens Bahnhofsviertel rund um die Pelikaanstraat ist auf den ersten Blick schäbig und schmuddelig.

Dann aber stechen die zahlreichen Leuchtreklamen ins Auge, die einen Brillanten als Firmensymbol zeigen. Auffallend viele Polizisten patrouillieren durch die Straßen des Viertels, und die meisten Hauseingänge werden von breitschultrigen Security-Männern überwacht, die aufgeregt in ihre Sprechfunkgeräte tuscheln. Die Aufschriften auf den Briefkästen verraten mehr: »groothandel in juwelen« steht da geschrieben, und die Firmen, die in den biederen Apartment-Blöcken ihre Büros haben, tragen Namen wie Beldiamond, Edelstein & Sons oder Universal Diamonds Co.

Die eilig hinter den Panzerglastüren verschwindenden Männer, viele von ihnen orthodoxe Juden, ganz in Schwarz gekleidet, mit dichten Bärten und langen Schläfenlocken, sind die Händler, die dafür sorgen, daß Antwerpens jahrhundertealter Ruf als weltgrößtes Diamantenzentrum unangetastet bleibt. In der farblosen Bahnhofsgegend wird auf einer Fläche, die kaum größer als zwei Quadratkilometer ist, mehr als die Hälfte des gesamten Weltumsatzes an geschliffenen Diamanten gehandelt. Auch als internationale Drehscheibe für Roh- und Industriediamanten ist die Hafenstadt marktführend. In Antwerpen befinden sich gleich vier der insgesamt zwanzig über die ganze Welt verteilten Diamantenbörsen. Dreihundert Schleifereien sowie eine florierende Zubehörindustrie sichern Tausende von Jobs.

Die Gilde der *diamantaires* gibt sich zugeknöpft. Wer jedoch den hochqualifizierten Handwerkern über die Schulter gucken will, der kann sich an einer Tour beteiligen, die vom »Hoge Raad voor Diamant«, einem übergeordneten Berufsverband, organisiert wird. Erkundungen auf eigene Faust sind durchaus möglich, können aber abenteuerlich und kostspielig werden. Die Bezeichnung »Show-Room« ist in einigen Fällen nämlich nichts anderes als die Umschreibung für Verkaufsraum, in dem ahnungslosen Besuchern mit sanftem Nachdruck das Kaufen und nicht das Schauen nahegelegt wird. Bereitwillig zücken zuvorkommende Hostessen die Taschenrechner, um Interessenten die in Dollar angegebenen Preise für die gefaßten und ungefaßten Diamanten in Mark, Yen oder Francs umzurechnen.

Firmen mit weniger merkantilen Hintergedanken gibt es auch. Die kleine Werkstatt in der Lange Herentals Straat, die Besuchern offensteht, ist von geradezu altertümlicher Schlichtheit. Die ungeschliffenen Edelsteine, nach Farbe, Reinheit und Gewicht vorsortiert, werden erst einmal in der Mitte zersägt. Die 65 kleinen Sägemaschinen verursachen ein kreischendes Geräusch, das unangenehme Erinnerungen an den Zahnarzt weckt. Eine hauchdünne Sägescheibe, mit einer Mischung aus

Öl und Diamantenstaub beschichtet, frißt sich mit 15.000 Umdrehungen pro Minute in das härteste aller Minerale hinein. Es kann Tage, sogar Wochen dauern, bis ein Einkaräter entzwei ist. »Schauen Sie sich den an«, sagt ein Handwerker, der das Sägen mit der Lupe überwacht, »das ist ein ganz hartnäckiger Brocken, etwa 22 Karat schwer. An dem muß mindestens einen Monat gesägt werden. Dann wird er etwa fünfzig Prozent seines Gewichts in Form von Diamantstaub eingebüßt haben.«

Nächster Arbeitsgang ist das sogenannte Reiben, wobei die Grundflächen des zersägten Rohdiamanten abgerundet werden. Der Chefreiber empfindet seinen Job, bei dem die Augen Bruchteile von Millimetern erkennen müssen, als extrem spannend: »Jeder einzelne Stein ist für uns anders, hat einen eigenen Charakter.« Und schmunzelnd fügt er hinzu: »Es gibt auch Diamanten, die sich nur widerspenstig fassonieren lassen, die launisch sind, halt nicht anders als manche Frauen.«

In der Schlußphase wird der Stein auf einer mit Diamantstaub beschichteten Scheibe geschliffen. So entsteht der weltweit renommierte »Antwerpener Schliff«, dessen wundersames Strahlen Frauen zum Schwärmen bringt und Männer um das Gesparte bangen läßt. »Cut in Antwerp« heißt bei Brillanten soviel wie »Made in Switzerland« bei Uhren. Schon der französische König Franz I. wußte die Kunstfertigkeit der Antwerpener Schleifer zu schätzen. Anstatt die Aufträge an Pariser Handwerker zu vergeben, zog er es vor, seinen Schmuck in der Stadt an der Schelde herstellen zu lassen.

Der Aufschwung Antwerpens zum Diamantenzentrum begann 1498, als Vasco da Gama den Seeweg nach Indien am Kap der Guten Hoffnung vorbei entdeckte. Bald waren nicht mehr allein die indischen Maharadschas buchstäblich steinreich, auch die portugiesischen Seefahrer deckten sich reichlich mit den begehrten Preziosen ein. Die maritime Route Lissabon–Antwerpen war stark frequentiert, und so wurde die flämische Hafenstadt zu einem der engsten Handelspartner der Portugiesen. So blieb es nicht aus, daß auch die Edelsteine nach Antwerpen gelangten und die dortigen Schleifereien im 16. Jahrhundert eine große Blütezeit erlebten.

Später, im 17. Jahrhundert, als die Niederländer sich von den Spaniern freikämpften und die Schelde blockierten, bemächtigte sich Amsterdam des Diamantenmonopols. Als im 18. Jahrhundert die indischen Minen endgültig erschöpft waren und die Entdeckung von Diamanten in Brasilien nur kurzfristig Nachschub brachte, schien der Niedergang Antwerpens als Diamantenumschlagplatz besiegelt. Dann entdeckte 1866 ein südafrikanischer Bauer einen Diamanten am Ufer des Oranje-Flusses. In Südafrika brach daraufhin ein Diamantenrausch aus, der Rush auf die Kimberley-Mine setzte ein; bald ergatterte das De-Beers-Syndikat das Diamantenmonopol. Die teuren Steinchen wurden hauptsächlich nach Antwerpen gebracht, die Ateliers florierten wieder, und die Rivalin Amsterdam war bald ausgebootet.

Eine Zwangspause brachten der Zweite Weltkrieg und die deutsche Besatzung mit sich: Die in der Diamantenindustrie beschäftigten Juden wurden in die Vernichtungslager deportiert, mußten untertauchen oder nach Übersee flüchten. Doch nach Kriegsende verstand es die belgische Regierung, die Händler, die überlebt hatten, mit großzügigen fiskalischen Begünstigungen wieder nach Antwerpen zu holen. So ist das Diamantenviertel zugleich Wohngegend der jüdischen Bürger, eines der letzten großen Ghettos Europas. Entlang des Bahndamms offenbart sich eine eigene Welt mit rituellen Gesetzen, Synagogen, koscheren Restaurants und Läden. Über den Klingelknöpfen sind die Mesusa eingelassen, kleine Hülsen, in denen sich Bibelverse befinden, die die Bewohner vor Unglück bewahren sollen.

In den Straßen kann man den strenggläubigen Chassidim begegnen, mit ihren Pelzmützen, ihren Kniehosen und ihren ungeschnürten Schuhen, die Kinder tragen Scheitelkäppchen. Viele Juden dieses Viertels, »Jerusalem des Nordens« genannt, leben vom Geschäft mit den Diamanten. Die Verbundenheit der Juden mit diesem Berufszweig erklärt sich aus der Geschichte des leidgeprüften Volkes. Mußten sie flüchten, waren die teuren Steine oft das einzige Kapital, das sich leicht verstecken und transportieren ließ.

Umschlagplatz der begehrten Winzlinge sind die vier Antwerpener Diamantenbörsen, die Tür an Tür liegen. Für Normalsterbliche ist der Zugang zu diesen verschwiegenen Tempeln des Handelns und Feilschens verboten. Nur etwa viertausend auserwählte Börsianer haben das Recht, die strengbewachten Gebäude zu betreten. Dort werden die Diamanten, für die es keine festgesetzten Kurse gibt, nach altem Brauch gehandelt, meist von Mann zu Mann, denn Frauen sind unter den Händlern in der Minderheit. Viele tragen ihre Steine in der Manteltasche, ein Vermögen, nur in weißes Seidenpapier eingewickelt. Meistens besiegeln ein einfacher Handschlag und der jiddische Spruch »masel un broche«, was soviel wie »Glück und Segen« heißt, den Deal. Wortbrüchige Händler werden vom eigenen Tribunal der Börse auf die schwarze Liste gesetzt – dann bleiben ihnen auch die übrigen Diamantenbörsen in der ganzen Welt verschlossen.

Ein Dienst des Antwerpener Diamantenzentrums, den auch Nichtprofessionelle in Anspruch nehmen können, ist die Schätzung von Diamanten. Der »Hoge Raad voor Diamant« hat ein Echtheitszertifikat eingeführt, das auf strengen Normen basiert und überall von den Weltdiamantenverbänden anerkannt wird. Manche stolze Schmuckträgerin, die sich auf einer Urlaubsreise einen Diamanten zum Ramschpreis hat andrehen lassen, ist beim Aushändigen des HRD-Zertifikates kreidebleich geworden, wenn sie erfahren mußte, daß ihr angeblich lupenreiner Stein von erstklassigem Blau-Weiß nichts anderes als ein wertloser Klunker ist.

Eulenspiegels flämische Heimat

In Damme ist der Held aus De Costers Schelmenroman allgegenwärtig

Das betagte Schiff tuckert gemächlich den Kanal entlang. Ein radelnder Senior, kurzbehost, tritt auf dem Uferweg eifrig in die Pedale und überholt den Ausflugskahn Thyl Uilenspiegel, nicht ohne vorher einen respektheischenden Blick auf uns geworfen zu haben.

Er soll nicht der einzige Rennradler bleiben, der uns überholt. Hier im tiefen Flandernland hängt noch immer der längst in den sportlichen Ruhestand getretene Radchampion Eddy Merckx eingerahmt in vielen Wohnstuben. Die sonntäglichen Radrennen über grobes Pflaster, egal ob bei Wind oder Hagel, gelten als knochenhart. »Auf dem Rad würden die Flamen sich lieber töten lassen, als dir ihren Platz im Feld zu überlassen«, hat einmal Bernard Quilfen, Manager des französischen Cofidis-Teams, über die zähen flämischen Radprofis geurteilt.

Doch zurück auf unser Schiff, das uns von Brügge zum knapp ein Dutzend Kilometer entfernten Damme bringt. Die Pappeln längsseits des träge fließenden Canal Napoléon ragen hoch in den mit tiefen Wolken verhangenen Himmel. Sie sind ein wenig windschief, vom unerbittlichen Meereswind gebeugt, aber imposant, fast so erhaben wie die gotischen Stützpfeiler in den Kirchen von Brügge, deren Türme stets am Horizont sichtbar bleiben.

Der Kanal hat Geschichte. Von Brügge ausgehend fließt er nach Damme bis zum holländischen Sluis. Einst waren Brügge und Damme durch einen Meeresarm mit der nahen Küste verbunden. Der Schiffsverkehr florierte, in den Handelskontoren stapelten sich die Waren, und schon im 12. Jahrhundert konnte Brügge sich mit dem Titel »Venedig des Nordens« schmücken.

Bald folgte jedoch die Ernüchterung. Ausgerechnet der feinkörnige Sand, der heute Zehntausende alljährlich an die Küste Westflanderns lockt, war schuld an der wirtschaftlichen Misere der stolzen belgischen Handelsstädte. Langsam, aber unerbittlich, versandete nämlich der Meeresarm – bis er für die Lastkähne unpassierbar wurde und die Schiffe begannen, ihre Ladungen nach Antwerpen zu verfrachten.

Der Napoleon-Kanal, dessen Bau im Jahre 1810 in Angriff genommen wurde, war einer von vielen gescheiterten Versuchen, eine künstliche Förde zum Meer hin zu buddeln. Heute ist der Kanal, der von Napoleons Ingenieuren fast schnurgerade konzipiert wurde, fast nur noch ein Freizeitgewässer und Heimat der Thyl Uilenspiegel, die dreimal täglich von Brügge nach Damme gesteuert wird.

Rechts und links breitet sich das von Jacques Brel besungene *plat pays* aus, das flache Flandernland mit seinen üppigen Weiden, seinen glücklichen Kühen und seinen länglichen Gehöften. Nach kaum einstündiger Fahrt legt unser Schiff in Damme an. Und da von der mittelalterlichen Pracht außer einem Rathaus mit zierlicher Fassade, einer Windmühle und einer finsteren Kirchenruine wenig übrigblieb, wirbt man mit einem prominenten Sohn der Stadt. »Uilenspiegels Heimat«

schwärmen die Werbeprospekte, die sich mit Damme und Umgebung befassen.

Wurde Till Eulenspiegel nicht in Kneitlingen bei Braunschweig geboren? Daß Thyl Uilenspiegel (so die flämische Schreibweise) so unzertrennlich mit Flandern verbunden ist wie Don Quixote mit der Mancha oder Schinderhannes mit dem Hunsrück, hat seinen Ursprung in einem Schelmenstreich. 1646 soll ein unbekannter Spaßvogel auf dem Dammer Friedhof in den verwitterten Grabstein des flämischen Dichters Jacob van Maerlant die Inschrift »Hier ruht Thyl Uilenspiegel« eingeritzt haben. Bald erzählte das Volk so begeistert von Uilenspiegel, daß jedermann glaubte, er hätte tatsächlich in Flandern gelebt.

»Im Maimond, als der Hagedorn feine Blüten entfaltete, wurde zu Damme im Flandernland Uilenspiegel, der Sohn des Klaas, geboren«, spann 1867 der Belgier Charles de Coster die Legende weiter und schrieb die »heldenhaften, fröhlichen und ruhmreichen Taten von Uilenspiegel«, die in die Literaturgeschichte eingehen sollten.

Im Gegensatz zu seinem possentreibenden deutschen Ebenbild hat De Costers Uilenspiegel außer dem Schalk im Nacken auch das Schwert in der Hand, um gegen die Tyrannei der Spanier, des Infanten Philipp und des »Blutherzogs« Alba anzukämpfen. »Das belgische Vaterland seufzte unter dem Joch, gewürgt, geknebelt von den Verrätern«, beschreibt De Coster den historischen Hintergrund seines in der zweiten Hälfte des 16. Jahrhunderts angesiedelten Schelmenromans.

Als eine Art tollpatschiger Sancho Pansa stand Thyl Uilenspiegel ein Kompagnon mit großem Hunger zur Seite – Lamme Goedzak. Im Roman fragt der Dicke: »Wann wird der gesegnete Friede kommen, wo es uns vergönnt sein wird, ohne Sorge Rebhühner zu braten, Kapaune zu schmoren und die Würste mitten unter Eiern in der Pfanne braten zu lassen?« Und Uilenspiegel antwortet verbittert: »Diese süße Zeit wird kommen, wenn wir in den Baumgärten Flanderns an den Apfelbäumen, Pflaumenbäumen und Kirschbäumen statt der Äpfel, Pflaumen und Kirschen an jedem Ast einen Spanier hängen sehen.«

Schlendert man heute durch Damme, baumeln gottlob keine Spanier an den Bäumen, aber auf Schritt und Tritt wird einem die Romangestalt, eine Mischung aus Robin Hood und gewitztem flämischem Freiheitskämpfer, in Erinnerung gerufen. Im ersten Stockwerk des Fremdenverkehrsbüros hat man alles zusammengerafft, was in irgendeiner Beziehung zu dem Helden steht: Übersetzungen der Abenteuer in fremde Sprachen, Plakate von Theateraufführungen und signierte Grafiken namhafter Künstler mit Uilenspiegel-Motiven.

Sogar Folterwerkzeug, das zur Zeit der spanischen Herrschaft die revoltierenden Flamen gefügig machen sollte, ist ausgestellt. Denn gar Schauriges geschah so manchem Landsmann von Uilenspiegel. »Man hieb ihm die Hand ab, man durchstach ihm die Zunge mit einem glühenden Pfriemen und er ward lebendigen Leibes verbrannt bei langsamem Feuer vor dem Gemeindehaus« – so schildert De Coster die Gepflogenheit der Inquisition.

Auch Lamme Goedzak ist in Damme allgegenwärtig, besonders auf Wirtshausschildern. Liest man die Menükarten der zahlreichen Feinschmeckerlokale, könnte man glauben, der gutmütige Vielfraß würde höchstpersönlich hinter den jeweiligen Küchenherden stehen, so verlockend klingen die Spezialitäten.

Als Charles de Coster Uilenspiegels Taten niederschrieb, erkor er den Napoleon-Kanal zur Kulisse: »Ein scharfer Wind blies vom Meer herüber, ein feiner Hagel fiel vom blaugrauen Himmel in das Wasser des Kanals« – genauso scheint uns das Wetter, als uns abends der Ausflugskahn zurück nach Brügge bringt und wir beobachten, wie die Angler vor einem plötzlichen Wolkenbruch kapitulieren und hastig ihre Ruten aus dem Wasser ziehen.

Der Ball der toten Ratte

Im Seebad Oostende sorgt der Geist des Malers James Ensor für Mummenschanz und Kunstgenuß

Elvis Presley baggert Rotkäppchen an. Das Phantom der Oper prostet Attila dem Hunnen zu. Im Konfettigestöber verbrüdern sich flämische Vampire mit wallonischen Grizzlybären; aus Amsterdams Transvestitenmilieu sind schrille Drag Queens angereist; eine Abordnung Kölscher Karnevalsgardisten grölt das »Ei, ei, ei caramba« der Combo mit. Sechstausend Amüsiersüchtige drängeln sich in den Sälen des Kasinos. Acht Orchester heizen ein. Der »Bal du rat mort«, der »Ball der toten Ratte«, der jedes Jahr am ersten Märzsamstag das belgische Seebad Oostende aus seinem winterlichen Schlummer weckt, ist ein gigantischer Mummenschanz. Kostümierung ist Pflicht, wobei auch Smokings geduldet werden oder notfalls eine um den Hals gebundene Fliege, die man an der Kasse mieten kann.

Die wenigsten, die am Morgen danach verkatert in den Frühstücksräumen der Hotels Alka Selzer ins Wasser plumpsen lassen, wissen, welchem prominenten Oostender Bürger sie diese walpurgisnachtähnliche Gaudi zu verdanken haben: Der 1860 geborene Maler James Ensor, Sohn einer flämischen Mutter und eines britischen Vaters, hatte mit Freunden 1888 den »Ball der toten Ratte«, benannt nach einem Pariser Kabarett, ins Leben gerufen. Die Lust Ensors an Verkleidungen und karnevalistischen Umzügen, seine Passion fürs

Spukhafte und Bizarre haben ihm den Ruf eines Malers der Masken eingebracht. Sein Œuvre ist von Fratzen, Skeletten und Dämonen bevölkert.

Seinen Zeitgenossen galt der verschrobene Künstler, der fast sein ganzes Leben in Oostende verbrachte, als Enfant terrible. Die Jurys lehnten anfangs all seine Werke ab. Ensor verspottete deshalb die Brüsseler Akademie als »Gehäuse für Kurzsichtige«, bevölkert von »erbärmlichen und sauerkrautigen Kunstkritikern«. Auf seinen Gemälden rechnete er ab: Die Masken wurden zu Spottfiguren bourgeoiser Heuchelei und sollten »das Publikum verletzen, das mich so schlecht aufgenommen hat«. Sich selbst stellte er als kafkaesken Käfer oder als Pinkelnden dar, mit der Aufschrift »Ensor est fou« (»Ensor ist verrückt«). Da die Galerien derart Anstößiges nicht aufnehmen wollten, veranstaltete der Außenseiter seine erste Ausstellung im Teppichgeschäft eines Freundes.

Der Ruhm kam spät, aber gewaltig. 1929 wurde Ensors Werk im Palast der Schönen Künste in Brüssel gezeigt. Es folgten Ausstellungen in so erlauchten Kunsttempeln wie dem Pariser Musée du Jeu de Paume oder der Londoner National Gallery. Der Maskenfreund und Sarkast wurde zum Baron geadelt und mit dem Orden der Ehrenlegion ausgezeichnet. Berühmtheiten wie Albert Einstein, Emil Nolde oder Stefan Zweig besuchten ihn. Ensor, der neunzigjährig in Oostende starb, wurde 1999 in Belgien gar mit einer großen Retrospektive gewürdigt.

Vieles hat sich verändert seit jenen Tagen, als Oostende James Ensor sowie seine nicht minder genialen belgischen Malerkollegen Leon Spilliaert und Constant Permeke inspirierte. Ensor hielt die in neblig-trübem Schleier gehüllte Dach- und Kaminlandschaft fest, die er von seinem ersten Wohnsitz an der Ecke Vlaanderenstraat/Van Iseghemlaan sehen konnte. Er malte Fischverkäuferinnen, zechende Matrosen und immer wieder das wattige Weiß der Wolken und das dunstige Blau des Meeres. Doch heute versperren Ferienapartmenthäuser mit dem Charme von Plattenbauten, hastig emporgezogen während des Spekulationsbooms in den fünfziger Jahren, die Sicht von seinem Mansardenfenster auf die Seepromenade. Und doch vermittelt Oostende besonders an einem Nieselregentag im März noch immer dieses geisterhafte Ambiente, das Ensor so liebte. In der Abenddämmerung schimmert die weiße Gischt. Die Ebbe verbreitert den Strand um fast einen halben Kilometer. In der Ferne sieht man die Laternen der Kutter und der tutenden Fähren, die nach Ramsgate übersetzen.

Noch spät am Abend brennt Licht unter den Planen der Marktstände am Visserskai. In Plastikschalen werden Krabben und Muscheln mit Zwiebelringen garniert als Imbiß angeboten. Glitschige Treppen führen zum Strand, wo Katzen um Fischreste streiten. In Goretex gehüllte Spaziergänger schlendern über die Mole in Richtung Leuchtturm und verlieren sich im Dunkel der Nacht. Oostende im März ist ein Fest für Melancholiker.

Zu Ensors Zeiten war die Stadt am Meer noch Inbegriff des Mondänen und wetteiferte mit Brighton und Eastbourne. Der belgische König Leopold I. hatte 1873 den Fischerhafen zur Sommerresidenz erkoren und als »Göttin des blonden Lichts« gepriesen. Es entstanden loggiageschmückte Villen, eine Pferderennbahn, englische Parks. Im pompösen Kurhaus wurde Caruso umjubelt. Europas Adel ließ sich in pferdegezogenen mobilen Strandhäuschen zum Meer bringen, um wagemutig den Zeh in die Fluten zu tauchen. Ensor war von den großen Badewagen fasziniert. Er skizzierte sie und träumte davon, sie mit Perlmutter zu tapezieren, um darin die Gesellschaft »eines trägen, blonden Mädchens mit salzigem Fleisch« zu genießen.

Im Oostender Museum der Schönen Künste hängen – falls sie nicht gerade auf weltweiter Tournee sind – 24 Gemälde Ensors und Dutzende von Radierungen. Im Brüsseler Musée Royal des Beaux-Arts werden 23 seiner Werke gezeigt, im Antwerpener Koninklijk Museum voor Schone Kunsten vierzig. Außerhalb Belgiens findet man Ensors Œuvre in der Neuen Pinakothek in München ebenso wie im Guggenheim Museum in New York oder im Museum of Art in Tel Aviv.

Den besten Einblick in die burleske, alptraumhafte Ensorsche Welt bekommt man, wenn man das als Museum eingerichtete Haus Nummer 27 in der Vlaanderenstraat betritt. Eingekeilt zwischen gesichtslosen Häuserblocks, in Nachbarschaft des Topless Club und der Bunny Bar, wirkt das zeitentrückte Häuschen wie einer Disney-Kulisse entlehnt. Hier betrieb Ensors Mutter gemeinsam mit ihrer Schwester und deren Mann ein Souvenir- und Kuriositätengeschäft, das man in seinem damaligen Zustand belassen hat. Im Schaufenster und in den Vitrinen des Erdgeschosses befinden sich Karnevalsmasken, Seesterne, Buddelschiffe, chinesische Vasen, Totenköpfe, Zylinder, Spazierstöcke, nadeldurchbohrte Schmetterlinge, Enterhaken, Haifischzähne, Fächer, Schildkrötenpanzer. Dieses sonderbare Inventar hatte Ensor schon in seinen Kindheitstagen fasziniert. Später notierte er: »Es wimmelte von abscheulichen Spinnen, Muscheln, Pflanzen und Tieren ferner Meere, schönem Porzellan, rost- und blutfarbenem Plunder, roten und weißen Korallen, ausgestopften Affen, Schildkröten, getrockneten Molchen ...«

Im Jahr 1917 war Ensor in das Haus gezogen, das er von seiner Tante geerbt hatte und in dem er bis zu seinem Tode lebte. Er ließ den Laden im Erdgeschoß unangetastet und richtete im ersten Stockwerk sein Atelier ein, das »Schlupfloch der Innerlichkeit« für den eingefleischten Junggesellen. Auf dem marmornen Kaminsims steht eine Vase, gekrönt von einem hütchengeschmückten Totenkopf. Eine skelettförmige Schaufensterpuppe, drapiert mit Sauerstoff- und Schnabelmaske, hält Spielkarten in der knochigen Hand. Auf dem Harmonium, unter einem schwülstigen Kristallüster, komponierte Ensor Marionettenspiel- und Operettenpartituren. An den Wänden hängen Fotoreproduktionen von Werken, deren Originale sich in Privatkollektionen und Museen befinden. Eine ganze Wand nimmt die Kopie des Ölgemäldes »Christi Einzug in Brüssel« in Anspruch, das Ensor zwischen 1887 und 1888 malte. Im Mittelpunkt des Spektakels hat Ensor sich selbst als Christus dargestellt, seinen Wunsch ausdrückend, im Triumph in jene Stadt einzuziehen, die ihm so oft den Erfolg versagte.

Aus dem Fundus des elterlichen Geschäfts und seines Ateliers bezog Ensor auch die Requisiten, mit denen er sich für den »Ball der toten Ratte« verkleidete. Es gibt alte Fotos, auf denen man ihn mit Turban verkleidet sieht oder mit einer der von ihm als »steinbuttig, bärtig, stockfischig, schollig, spitzbübisch« apostrophierten Masken. Während der karnevalistischen Tage zog der vermummte Provokateur durch Oostendes Straßen, wobei er sich wie verrückt gebärdete und tierische Laute ausstieß. Wegen seiner schlaksigen Gestalt und seines Faibles fürs Morbide nannten ihn die Leute »Pietje de dood« (Pierrot, der Tote). Gerne ließ er sich auch in makabrer Pose ablichten, wenn er nach der Ballnacht in den Dünen seine derben Späße trieb und mit ausgebuddelten Knochen von toten Soldaten aus dem Ersten Weltkrieg herumblödelte.

Die Entdeckung des »grünen Goldes«

Poperinge ist umgeben von einem Wald aus Hopfenstangen

Die kleine, in Bronze gegossene Spitzenklöpplerin, die in einer verborgenen Seitengasse ihrem filigranen Handwerk nachgeht, blickt wehmütig drein. Die Skulptur erinnert an die Glanzzeiten der westflandrischen Stadt Poperinge, als im Mittelalter aus reich verzierten Patrizierhäusern das Rattern der Webstühle und das Klappern hölzerner Klöppel drang. Die Produktion von Ballkleidern mit meterlanger Schleppe, feinen Seidenhemden und kostbaren Wollstoffen hatte im 14. Jahrhundert das Städtchen zum viertgrößten Tuchzentrum Flanderns gemacht. Aber bald hatten die mächtigen Leinenmetropolen Gent, Brügge und Ypern mit Hilfe schikanöser Zölle und unfairer Preisabsprachen den unliebsamen Konkurrenten aus dem Rennen gedrängt.

Doch die Poperinger gelten seit jeher als *keikoppen,* Dickköpfe, und so fanden sie einen neuen Erwerbszweig, der den Bankrott abwendete. Die Stadt wollte nicht mehr länger im Schatten Yperns, der hochnäsigen »Königin der flandrischen Ebene«, die Rolle des verarmten Hofnarren spielen. Die Trotzköpfe guckten Mitte des 15. Jahrhunderts französischen Mönchen, die in Poperinge einen Außenposten der Abtei des französischen Saint-Omer gegründet hatten, die Kunst des Hopfenanbaus ab. Bald ragten in und rund um Poperinge die Stangenlabyrinthe in die Höhe und man fand dank des »grünen Goldes« zu altem Handels- und Kaufmannswohlstand zurück. Heute ist Poperinge und sein Umland Belgiens größte Hopfenanbauregion.

Die Staude *Humulus lupulus*, deren Dolden zur Würze und Haltbarkeit des Bieres verwendet werden, ist, trotz nur dreiwöchiger Erntezeit im September, allgegenwärtig und macht durch bis zu sieben Meter hohe Klettergerüste auf sich aufmerksam. Erkunden kann man das »Hoppeland« auf einer ausgeschilderten Route, die entlang der französischen Grenze führt. Radfahrer können die Strecke benutzen, die teils den geheimen Pfaden des legendären und gewitzten Schmugglers Karel de Blauwer folgt, dem man im Dorf Haringe ein Denkmal gewidmet hat.

Sieht man von einigen Hügeln ab, die, höchstens 160 Meter aufgewölbt, für die Flachländer schon alpin anmuten, ist die grünüppige Feld- und Weidenszenerie eben wie ein Brett. Tiefhängende, bauschige Wolken fegen hinweg über Stallungen, Kapellen mit Heiligenschreinen, endlose Rübenäcker, knorrige Weiden und pfeilgerade Bewässerungskanäle. Die Choreographie der Wolken läßt surrealistische Kompositionen wie auf Landschaftsbildern von Magritte entstehen, wogegen die schlankheitsfeindlichen Gerichte, die in den Gasthöfen aufgetischt werden, geradewegs einem opulenten flämischen Stilleben entstammen könnten: so etwa der *hennepott*, bestehend aus Huhn, Kaninchen und Rindfleisch in Gelee; der mit Biersoße angereicherte Kabeljau *aan de schrewe;* der zimtgewürzte Rosinenkuchen *mazarin;* die Buttermelen *botterspekken* und als Verdauungstrunk der *blauwertje*-Wacholderschnaps.

Die Weiler Proven, Krombeke, Reningelst, Roesbrugge, Haringe und Watou, die der Gemeinde Poperinge angehören, haben außer einigen geschichtsträchtigen Kirchen mit wertvollen Orgeln nichts Aufsehenerregendes zu bieten und ziehen es vor, in der provinziellen Behäbigkeit des Küstenhinterlandes eingelullt zu bleiben. Lediglich Watou tanzt aus der Reihe. In diesem Dorf kann man nicht nur in zwei Brauereien würziges Trappistenbier und das reich gehopfte, obergärige Hommelbier kosten, im Sommer wird der Flecken zum Kulturzentrum. Von dem im Dorf lebenden Dichter Gwij Mandelinck ins Leben gerufen, ist der Literatursommer unter dem Motto »Watou is poëzie« zum Treffpunkt flandrischer Schriftsteller und Poeten geworden. Flanderns Starautor Hugo Claus gibt häufig Lesungen.

Nur alle drei Jahre poltert der Hopfenumzug, der in seiner Ausgelassenheit an eine Szene von Breughel erinnert und der jedesmal 1400 kostümierte Einwohner mobilisiert, durch Poperinges Straßen. König Gambrinus, bierselige Mönche und Kinder, die die »Freunde und Feinde des Hopfens« darstellen – die »guten« Marienkäfer und die »bösen« Blattläuse –, veranschaulichen dann die jahrhundertealte Tradition des Anbaus dieser Hanfpflanze. Wer nicht bis zum nächsten Umzug warten möchte, kann sich im Nationalen Hopfenmuseum umsehen, stilvoll untergebracht in den Backsteinhallen der alten Stadtwaage. Hier wurde bis 1968 der Hopfen geprüft, gewogen, getrocknet und zu Ballen gepreßt, auf die wohlklingende Sortenbeschreibungen wie Prima Hop oder Brewer's Gold gedruckt wurden.

Rund um die Stadtwaage breitet sich Poperinges historischer Kern aus, der von angenehmer Überschaubarkeit ist und Stefan Zweigs Beschreibung eines typischen flandrischen Provinzortes entspricht: »So scheint dieses bunte Gewimmel ziegelroter Dächer, zackiger Giebel und weißglitzernder Fensterborde nichts als ein Spielzeug, von lässiger Hand ins grüne Gelände geschüttet.« Verspielt wirkt das neogotische, 1911 errichtete Rathaus mit seinen ranken Türmen, seinen bleiverglasten Fenstern und seinen mittelalterlichen Burgen nachempfundenen Fassadendekors. Vor dem überschwenglich verzierten Rathaus breitet sich am Grote Markt jeweils Freitagmorgens die Zelt- und Budenwelt eines quirligen Marktes aus: Hausfrauen wühlen in Bergen von Schürzen und Reißverschlüssen, es riecht nach Waffeln und Hering mit Zwiebeln, T-Shirts flattern im Wind, und Bauern bieten Lauch, Kohlrabi und selbstgeschlachtete Kaninchen und Hühner an.

Nicht wenige Marktbesucher huschen schnell in die nahe Kirche des Heiligen Bertinus, entzünden eine Kerze und murmeln hastig ein Vaterunser. Die Poperinger müssen einst sehr gottesfürchtig gewesen sein, wie sonst wären sie dazu gekommen, nebst der aus dem 11. Jahrhundert stammenden Sankt-Bertinus-Kirche noch zwei weitere monumentale Bethäuser zu errichten: die Liebfrauenkirche mit ihrem Rokoko-Chorgestühl aus dem 18. Jahrhundert und die Sankt-Johannes-Kirche, vor der jedes Jahr der *Ommegang* beginnt, eine an eine Wunderlegende mahnende Marienprozession mit reichlich historischem Kostüm-Brimborium.

Doch ihre Frömmigkeit bewahrte die Bürger nicht vor dem Grauen. Im Ersten Weltkrieg waberten die Giftgasschwaden über die verschlammten Äcker, in denen sich die verfeindeten Armeen zum wahnwitzigen, Hunderttausende von Menschenleben kostenden Stellungskrieg eingebuddelt hatten. Poperinge lag einige Kilometer hinter der Frontlinie und entging so nur knapp dem Schicksal des benachbarten Ypern, wo nach vier Jahren Belagerung keine einzige Mauer mehr stehengeblieben war. Poperinge war englische Garnisonsstadt, und in Hörweite der Bombeneinschläge bot sie beurlaubten Soldaten ein halbwegs sicheres Refugium, bevor diese wieder als menschliches Kanonenfutter zu den Schützengräben des Westhoek abkommandiert wurden. Ihre Leichname, zusammen mit jenen anderer Nationen, sind auf dem Lyssenthoek Cemetery begraben. Die penible Anordnung der Grabsteine, der zentimetergenau gestutzte englische Rasen sowie die nach einem ausgeklügelten Farbcode angeordneten Blumenbeete wirken fast idyllisch, lenken etwas vom Schrecken ab. 10.786 Menschen sind hier bestattet; der Grabstein des jüngsten Soldaten, 15 Jahre, steht neben dem des ältesten, 52 Jahre.

Ein Patrizierhaus in der Gasthuisstraat war während des Ersten Weltkriegs an der gesamten Front bekannt. Wer das jedermann zugängliche Talbot House betritt, über dessen Eingangstür unverändert das Schild »Everyman's Club« hängt, findet das Innere dieses einstigen Klubs für Soldaten jeden Ranges fast noch genauso britisch-behaglich wie damals vor: viel Holztäfelung und viel Nippes, eine Häkeldecken- und Porzellantassen-Gemütlichkeit wie bei Miss Marple zu Hause. Eine freundliche alte Lady führt durch die Räume, in denen die Soldaten für kurze Zeit das Sterben in den Klatschmohnfeldern vergessen sollten. Einige der Zimmer werden heute an Durchreisende vermietet. Der Feldgeistliche Philipp Clayton, von den Rekruten »Tubby« genannt, hatte diesen legendären Klub 1915 gegründet und ihn nach Leutnant Gilbert Talbot benannt, Sohn des Bischofs von Winchester, der, gerade 23 Jahre alt, in Ypern gefallen ist.

Kaplan »Tubby« hatte einen exzentrischen Humor, und auf selbstgedichteten Hausordnungen unternahm er den angesichts der Massaker rührend und naiv zugleich anmutenden Versuch, mit schrulligen Sprüchen seine Gäste zum Schmunzeln zu bringen: »Pessimisten, dort ist der Ausgang!« verkündet eine Tafel, und unter der Wanduhr hängt eine Plakette mit dem Hinweis »Big Ben«. Doch es war vor allem die Karte Flanderns im Erdgeschoß, die die Aufmerksamkeit der Frontkämpfer fand. Abertausendmal müssen nervöse Finger auf immer die gleichen, kriegsverstümmelten Orte gezeigt haben, denn Namen wie Diksmuide, Langemark, Passendale oder Poelkapelle wurden vom vielen Drauftippen bis zur Unleserlichkeit geschwärzt.

Poperinges Hort der Ruhe verbirgt sich in der Sankt Annastraat. Man sollte den Beginenhof erst gegen Abend aufsuchen, wenn die Ausflugsbusse den Ort wieder in Richtung Küste verlassen haben. Stößt man das schwere, grüne Holztor auf, so findet man sich in einer zeitentrückten, puppenstubenhaften Welt wieder. Das Geviert winziger, kreideweiß gekalkter Häuschen, die sich aneinanderducken und sich um sorgfältig manikürten Rasen und Begonien- und Margeritenbeete gruppieren, verströmt jene andächtige, heimelige

Beginenhof-Atmosphäre, wie sie der belgische Schriftsteller Georges Rodenbach schilderte: »... eine kleine Stadt für sich, so ansteckend in ihrer Lautlosigkeit, daß man nur leise den Fuß aufsetzt, nur leise zu sprechen wagt, wie in der Umgebung eines Kranken.« Im 1769 gegründeten Weeuwhof ziehen sich jedoch nicht mehr länger Beginen zurück, Witwen und unverheiratete Frauen, die sich in klosterähnlichen Gemeinschaften Gott und der Askese verpflichtet hatten. Die »weltlichen Schwestern« wurden durch bedürftige, alte Leute ersetzt, denen die Gemeinde die kleinen Wohnungen zu preiswerten Mieten überläßt.

Wir verlassen den verträumten Beginenhof auf Zehenspitzen, es ist dunkel geworden, und die tagsüber graziösen Kirchtürme wirken auf einmal finster und bedrohlich. In Poperinges Gassen herrscht Stille, die Bürger ziehen sich beizeiten hinter die Backsteinmauern und in die Intimität ihrer Stuben zurück. Selbst aus der Kneipe Hopfenbörse am Marktplatz, in der die Fenster am längsten hell bleiben, dringen nur einige gedämpfte Stimmen. Poperinge läßt nicht an seiner ruhigen Würde rütteln.

Wärmflasche mit Wacholdergeschmack

Hasselt pflegt sein Renommee als Schnapsstadt

Der Strom der Bittsteller vor dem Grabmal des Mönchs Valentinus Paquay in der Minoritenkirche reißt nicht ab. Kerzen werden angezündet, Gebete gemurmelt. Dem 1905 verstorbenen Heilig Paterke, dem heiligen Pater, werden allerlei wundersame Taten bei der Linderung von körperlichen und seelischen Leiden zugeschrieben. Auch sonst macht Hasselt, die Hauptstadt der Provinz Limburg im belgischen Flandern, den Eindruck eines frommen Orts. Die alle sieben Jahre zu Ehren ihrer Madonna Virga Jesse mit großem Pomp abgehaltene Prozession gilt als eines der wichtigsten religiösen Feste im Königreich. Der alte Beginenhof im maasländischen Renaissancestil, der in ein Kulturzentrum umgewandelt wurde, sowie Straßennamen wie Capucienenstraat, Minderbroederstraat oder Witte Nonnenstraat erinnern an Epochen, als Äbte und Äbtissinnen die Geschicke der Stadt bestimmten. Die Hasselter sind nicht zuletzt stolz auf eine im städtischen Museum ausgestellte goldene Monstranz, die aus dem Jahre 1286 stammt und die älteste der Welt sein soll.

Doch drei-, viermal im Jahr erfüllt ein Duft die Altstadt, der nicht von Wachskerzen oder Weihrauch stammt. Das beißende Aroma dringt dann sogar bis zum Glockenspieler hinauf, der einsam hoch oben im Turm der Sankt-Quirinus-Kathedrale den jahrhundertealten Glocken himmlische Melodien entlockt. Der rauchige Geruch ist jener des Genevers, des Wacholderschnapses, dem Hasselt seinen Wohlstand verdankte.

Brodelte, zischte und dampfte es bis zum Zweiten Weltkrieg noch in Dutzenden von Brennereien, so gibt es heute lediglich die drei winzigen Privatdestillerien Wissels, Smeets und Fryns sowie die Brennerei des Nationalen Genevermuseums. Wegen der geschrumpften Produktion werden die Öfen nur noch gelegentlich befeuert, doch Hasselt bleibt seinem Renommee als Schnapsstadt treu, organisiert feuchtfröhliche Geneverfeste und für wissensdurstige – oder schlichtweg durstige – Touristen sogenannte Schnapswochenenden.

Das einzige Genevermuseum Belgiens befindet sich in einem ausgedehnten Bau, der seit dem Jahr 1800 eine Brennerei und einen Bauernhof beherbergte. Der Betrieb wurde 1964 eingestellt. 1982 besannen sich die Stadtväter auf die Hasselter Schnapstradition, bewahrten Belgiens älteste Brennerei vor dem Abriß und richteten das Genevermuseum ein, in dem einige Male im Jahr ein kräftiger, erlesener Hausgenever produziert wird.

Das Museum erläutert die Produktionsweise *van korrel tot borrel*, vom Korn zum Schnäpschen. Der belgische Genever, mit einem durchschnittlichen Alkoholgehalt von mindestens 35 Volumenprozent, ist eng verwandt mit dem englischen Gin und dem holländischen Jenever. Die Besucher erfahren, daß die wichtigsten Ingredienzen des Hasselter Branntweins, Gerste, Roggen und Wacholderbeeren, früher von den Getreidefeldern und Heideflächen des umliegenden Kempenlandes stammten, heute aber größtenteils importiert werden.

Unter dem pyramidenförmigen Dach der Darre, wo die gekeimten Getreidekörner durch Erhitzen getrocknet werden, verströmt das Eichengebälk einen schweren, würzigen und malzigen Duft. Brennkolben, Retorten, kupferne Ventile, Rohrspiralen, Maischgefäße, Alkoholmeter und anderes kompliziertes Gerät lassen den Besucher glauben, er sei in ein alchimistisches Labor geraten.

Brennen war seinerzeit wie russisches Roulette. Als man um 1850 von der Feuerung mit Torf auf Dampf umstieg, nahmen unter den Brennern die durch den Rauch verursachten Lungenkrankheiten ab, doch mangels technischer Kenntnisse flog so mancher Heizkessel in die Luft. Ein noch prachtvoll erhaltenes Stück ist die Zierde des Museums: Eine aus dem vergangenen Jahrhundert stammende Dampfbrennanlage glänzt im blank gewienerten Messingmantel.

Auch eine alte Vorrichtung zum Schwarzbrennen wird gezeigt. Das Gesöff, das in den Kellern destilliert wurde, hatte für die Konsumenten oft fatale Folgen. Da die Schwarzbrenner sich meistens nicht die Mühe machten, die beim Rohbrennen entstehenden Fuselöle herauszufiltern, erkrankten viele Zecher, manch armer Säufer wurde blind.

Den Brennereien waren Ställe angegliedert, in denen Ochsen gehalten wurden. Diese lieferten den Dünger für die Gerstenfelder, wurden mit dem beim Maischen anfallenden Treber gemästet, und ihre Knochen schließlich in einer Gelatinefabrik verarbeitet – ein perfekter Kreislauf. Für die Brennereibesitzer waren Ochsenmast und Fleischverkauf ein üppiger Nebenverdienst. Um den Absatz des Tropfens brauchten sie ohnehin nicht zu bangen: 1870 verließen fünf Millionen Liter Genever die lokalen Brennereien. Er wurde bis nach Kuba und Zaire geliefert. In diesen Glanztagen waren die Geneverbarone die heimlichen Herrscher von Hasselt. Sie finanzierten den Kanal, Spitäler, Waisenhäuser und Kirchenaltäre.

Doch drastische Prohibitionsgesetze und hohe Steuern machten dem flüssigen Seelentröster den Garaus. Im Museum ausgestellte Plakate verdeutlichen den Wandel: Zeigte die Werbung noch kräftige Fischer und Knechte, dralle und rotwangige Marktweiber, die vom angeblich gesundheitsfördernden Effekt des Genevers kündeten, so ließ die Regierung Anfang des 20. Jahrhunderts morbide Warnplakate drucken, die den Sensenmann als Genever servierenden Kellner zeigten. Seit 1919 und noch bis vor sieben Jahren durfte Belgiens Hochprozentiger weder in Wirtschaften noch in Restaurants ausgeschenkt werden. Wirten, die es dennoch heimlich taten, drohten saftige Geldbußen.

Dem Museum ist eine urgemütliche Taverne angegliedert, die zugleich Sitz der belgischen Brennergilde, der »Confrérie des distillateurs«, ist. Geneversorten aus ganz Belgien können gekostet werden, Batterien von erdfarbenen Schnapsflaschen sind aufgereiht: vom Lütticher Péquet bis zu exotischen, mit Äpfeln, Koriander oder Zitronen angereicherten Elixieren. Hier wird der Genevernovize, der wißbegierig am randvoll gefüllten, schlanken, tulpenförmigen Gläschen schnüffelt, in die Geheimnisse des Lebenswassers eingeweiht. Er erfährt, daß der *jonge* und der *oude* sich nicht durch das Alter unterscheiden, sondern durch verschiedene Herstellungsprozesse. Der alte Genever wird im Gegensatz zum weicheren, wasserklaren jungen Genever noch einmal destilliert, was ihm seine gelbliche Färbung und seine rachenkratzende Schärfe verleiht. Die Kräutermixtur des Hasselter Lambertuströpfchens verraten die Brenner hingegen nur an ihre Söhne.

In Belgien pflegen die Freunde des *witteke,* des Klaren, keine Trinkrituale wie in den Nachbarländern. Man nippt sachte und genießerisch und kippt nicht ex und hopp wie in deutschen Kneipen. Auch die holländische Sitte, sich vor dem überschwappenden Glas zu verneigen und schlürfend den ersten Schluck zu genießen, ohne das Glas in die Hand zu nehmen, ist verpönt.

Weitere Stationen des Geneverstudiums sind die überfüllten Cafés am Grote Markt und in den umliegenden Gassen. Hasselt ist eine Universitätsstadt, deren Studenten für eine rege Kneipenkultur sorgen. Die *borrelur,* die Schnapsstunde, ist beliebig ausweitbar, und so mancher gesellige Geneverabend wird zum frühen Morgen. Wagemutig ordert man ein Wacholderwässerchen mit dem tückischen Namen Hoogspanning (Hochspannung). 52 Prozent Alkoholvolumen kündigt das Etikett an. Im Bauch wird es einem, als habe man eine Wärmflasche verschluckt. Im Kopf schrillt schon Alarm. Die Beine werden schwer. Beim Kneipier hinter dem Tresen glaubt man ein mephistophelisches Grinsen festzustellen. Nun wird es höchste Zeit zum Gehen.

Der Weg von der Kneipe zum Hotel führt durch den vollmondbeschienenen Skulpturenpark im Beginenhof. Dort lauern von Künstlern geschaffene Holzskulpturen: Riesenvögel, Echsen, schaurige, groteske Schemen wie aus einem Gemälde des Hieronymus Bosch.

Eiligen Schrittes entflieht man der gespenstigen Kunstmenagerie. Doch sind es überhaupt reale Objekte? Oder hat etwa der teuflische Schlaftrunk die Sinne benebelt und treibt das *Borrelmanneke,* das Hasselter Genevermännchen, bereits seinen Spuk?

Leiche vor der Kirche

Mit Lüttich verband Georges Simenon eine Haßliebe

Man schreibt das Jahr 1920. Ein Reporter der Tageszeitung *Gazette de Liège* und ein dort angestellter Arbeiter betreten eines Morgens das Lütticher Rathaus. Ihre Anwesenheit fällt weiter nicht auf. In einem entlegenen Korridor stehen drei verstaubte Kisten, die die beiden klammheimlich auf einen Schubkarren laden, ehe sie sich aus dem Gebäude stehlen und die mysteriöse Fracht zu einem befreundeten Bibliothekar bringen.

Die Kisten enthalten eine kostbare Kollektion alter Zeitungsausschnitte aus dem Ersten Weltkrieg, die ein Sammler der Stadt Lüttich vermacht hat. Anstatt den Dokumenten jedoch einen gebührenden Platz in der Stadtbibliothek einzuräumen, übt sich die Gemeindeverwaltung in Schludrigkeit und läßt die papierene Schenkung in den ungeöffneten Kisten vergilben.

Knapp zwei Stunden nach der Tat erscheint die *Gazette de Liège* mit der Schlagzeile »Amtliche Nachlässigkeit – ein schlechtbewachtes Rathaus«, berichtet vom vermeintlichen Diebstahl der Sammlung und prangert den behördlichen Schlendrian an. Die Stadtväter sind blamiert, das Lokalblatt hingegen hat seine auflagenstimulierende Story.

Der Journalist, der mit Einwilligung seines Chefredakteurs den Streich inszenierte (die Kisten wurden natürlich wieder zurückgegeben), ist erst 17 Jahre alt. Sein kaum beneidenswertes Ressort sind die *chiens écrasés*, die »überfahrenen Hunde«, wie man im Fachjargon spöttisch die Lokalberichterstattung nennt. Der Name des Reporters – Georges Simenon.

Diese Anekdote erzählt mir Jean-Denys Boussard, der im Auftrag des Fremdenverkehrsamtes mit Literatur- und Krimifans auf den Spuren des Maigret-Autors wandelt. Simenon ist der prominenteste Sohn Lüttichs, obwohl er bereits mit 19 Jahren nach Paris auswanderte. Dort tippte er unter 16 verschiedenen Pseudonymen erst einmal »Schauerdramen für die Conciërgen« mit Fließbandeifer in die Maschine, ehe er 1931 Kommissar Maigret, den pfeifenrauchenden Anti-James-Bond vom »Quai des Orfèvres«, seinen ersten Fall lösen ließ. Simenon hatte schnell Erfolg in Paris, aber seiner wallonischen Heimatstadt ist er immer verbunden geblieben.

Boussard, selbst eingefleischter Simenon-Fan, ist geistiger Vater der Spaziergänge durch das Lüttich des Meisters des Kriminalromans. Respektlos vermarkten möchte man den Romancier, der 1989 im Alter von 86 Jahren verstarb, jedoch nicht. »Es wäre uns peinlich, wenn plötzlich T-Shirts mit dem Porträt von Simenon in den Souvenirläden auftauchen würden«, beteuert Jean-Denys Boussard.

Wir stehen vor dem Haus Nummer 24 der Rue Léopold, einer belebten Straße im Zentrum. Im zweiten Stock wurde Simenon am 13. Februar 1903 geboren. Zu jener Zeit konnte keiner ahnen, daß aus dem plärrenden Säugling ein »Balzac der Neuzeit« werden sollte, dessen Bibliographie über zweihundert Titel umfaßt.

Mutter Henriette, vor ihrer Heirat einfache Verkäuferin im Kaufhaus Innovation, und Vater Désiré, ein bescheidener Versicherungsangestellter, sparten sich die Miete für die schlichte Zweizimmerwohnung vom Munde ab. In »Als ich alt war«, seinen tagebuchartigen Aufzeichnungen, schreibt Georges Simenon: »... ich hatte kein fließendes Wasser in meinem Zimmer, und die Toiletten befanden sich im Hinterhof. Man wusch sich nur einmal die Woche gründlich, samstags, in der Küche, ein Waschbecken benutzend ...« Diese ärmlichen Verhältnisse in seiner Kindheit gab der zum mehrfachen Millionär gewordene Lütticher einmal als Grund an für seine Vorliebe für extravagante Wohnungen (bis zu seinem Tod ist Simenon mehr als dreißigmal umgezogen) und luxuriöse Hotels.

Über den Pont des Arches, jene Brücke, die Simenons erstem, 1920 erschienenen Roman den Titel gab, gelangen wir ins Viertel Outre-Meuse (Djus-d'là-Moûse auf wallonisch), eine urbane Insel im Zusammenfluß von Maas und Ourthe. Es ist dies das Viertel der einfachen Leute, der Handwerker und Pensionäre, der volkstümlichen Bistros und der ausgelassenen Feste. Es ist auch die Heimat von *Tchantchès,* einer guignolverwandten Marionette, die Lütticher Lebensfreude und Wortwitz symbolisiert.

Die winkligen Gassen und biederen Häuser hatten es dem Atmosphäreschilderer besonders angetan. Beim Niederschreiben vieler Manuskripte, besonders der autobiographischen, ist Georges Simenons fotografisches Gedächtnis stets voller Lütticher Alltag. Das Unkraut, das zwischen den Pflastersteinen der Bürgersteige emporwuchert und das der kleine Georges in seiner Kindheit mit dem Küchenmesser entfernen mußte, gedeiht wie eh und je. In den Bistros entlang des Quai de la Batte riecht es frühmorgens noch immer nach frisch gebohnertem Parkett, schalen Aschenbechern und säuerlichem Bier. Die Märkte, die Simenon über alles liebte, werden in seinen Werken so geschildert, wie sie heute noch sind. Aber auch die Eintönigkeit verregneter Sonntage, die provinzielle Enge und das Kleinbürgerliche der grauen Industriestadt, wie sie Roger Mamelin, ein Ebenbild des jugendlichen Simenon, in »Pedigree« aufs Gemüt schlagen, hat der Erzähler beschrieben.

Den ansonsten eher zum Reisemuffel neigenden Maigret hat Simenon ebenfalls einige Male in Lüttich fahnden lassen. In der »Gehängte von Saint-Pholien« zum Beispiel reist der bullige Pariser Kommissar in die belgische Universitätsstadt, wo er sofort vom »herrlichen Durcheinander im wallonischen Dialekt« und dem »schrillen Bimmeln der gelbroten Straßenbahnen« entzückt ist.

Die Schilderung der Bohème-Clique, die Maigret alsbald in der Rue du Pot-au-Noir aufstöbert, mag Georges Simenon kaum schwergefallen sein. Gehörte er doch selbst in seiner Jugend einem Kreise ausgeflippter Studenten und Künstler an, die in einigen verkommenen Zimmern von Nummer 13 der Rue des Ecoliers vom Erfolg träumten, von Alkohol- und Kokaingenuß berauscht. Einer von Simenons Kumpanen, ein gewisser Joseph Kleine, der »kaum aß und sich mit viel Alkohol aufputschte«, erhängte sich an der Eingangstür der Pfarrkirche von Saint-Pholien. Diese Episode inspirierte Simenon zum erwähnten Maigret-Fall.

Die ehemalige Künstlerbude – man hatte sie *Caque* (Heringstonne) genannt – steht auf dem Programm der Visite. Wir durchqueren ein Schreineratelier, gelangen in einen finsteren Hinterhof, steigen eine schmale Treppe hinauf und stehen schließlich in einer muffigen und ungemütlichen Rumpelkammer, eine jener trostlosen Kulissen, in denen Maigret Leichen aufzufinden pflegt. »Ich hatte die Zimmer zuletzt an italienische Gastarbeiter vermietet«, erzählt uns der Hausbesitzer, »jetzt benutze ich sie nur noch als Abstellräume.«

Eine Verschnaufpause in einer jener Lütticher Brasserien, in der der Romanschriftsteller in seinen Reportertagen einzukehren pflegte, gehört zum Programm des Simenon-Rundgangs. Bei einem seiner seltenen Abstecher in seine Geburtsstadt – als man ihn 1952 in die belgische »Académie Royale« aufnahm – hatte er genüßlich und nostalgisch die Lütticher Gastronomie wiederentdeckt. So beschreibt er in seinen »Mémoires Intimes«, wie man die *moules,* die Miesmuscheln, in einfachen Kasserollen auftischte und er sie *à la liègoise* aß, eine leere Schale als Gabelersatz nutzend, um damit das Muschelfleisch zum Munde zu führen.

Georges Simenon verband mit Lüttich eine Haßliebe: »Ich hätte allen Traditionen widersprochen, wenn ich meiner kleinen Stadt nicht eine überlegene Verachtung gezeigt und beschlossen hätte, allein Paris sei würdig, mich zu empfangen.« Adieu Tristesse! Als der Lütticher 1922 den Zug nach Paris bestieg, verlor die *Gazette de Liège* einen emsigen Reporter, Hunderttausende von Lesern in der ganzen Welt gewannen jedoch einen Bestsellerautor, dessen Romane in über vierzig Sprachen übersetzt wurden, von Afrikaans bis Usbekisch.

Und in Lüttich soll so mancher, der in den Werken des zu Ruhm gelangten Landsmanns geschmökert hat, beim Nachhauseweg zu mitternächtlicher Stunde einen weiten Bogen um die Pfarrkirche von Saint-Pholien machen. Man ist ja nicht abergläubisch, und an Spuk glaubt man auch nicht. Aber man kann ja nie wissen.

Der Nabel Europas

Viroinval ist der Mittelpunkt der Europäischen Union

Selig wie zu Weihnachten waren die Gemeindeväter von Viroinval an jenem sonnigen und heißen 1. Juni 1995. Jacques Baudrez, Sekretär der in den belgischen Ardennen gelegenen Kommune, hatte zuerst an einen Scherz geglaubt, als ihn der merkwürdige Anruf aus Paris erreichte. Viroinval, so teilte das renommierte französische Institut Géographique National (IGN) mit, sei nach dem Beitritt von Österreich, Finnland und Schweden der neue geographische Mittelpunkt der Europäischen Union. Nach der anfänglichen Verblüffung knallten im Rathaus des Gemeindehauptortes Nismes die Sektkorken. Jacques Baudrez erinnert sich: »Vorher hatten die Leute Mühe, uns überhaupt auf der Landkarte ausfindig zu machen. Und nun war Viroinval plötzlich über Nacht der Nabel Europas.«

Die Erweiterung von zwölf auf fünfzehn EU-Mitglieder sorgte aber auch für Verdruß, und zwar im Dorf Saint-Clément im zentralfranzösischen Departement Allier, wo sich bis dahin das geographische Zentrum des europäischen Staatenbundes befunden hatte. Die Aufnahme der drei neuen Mitgliedsländer am 1. Januar 1995 hatte, schwuppdiwupp, Europas Mittelpunkt um 423,3 Kilometer nach Nordosten verlagert. Nun findet sich die Kuriosität nicht mehr in Frankreich, sondern 1300 Meter hinter der Grenze auf dem Territorium der belgischen Provinz Namur.

Wozu aber der ganze Wirbel? Derartige Messungen haben keinerlei praktischen Nutzen. Sie werden nicht einmal von der EU-Kommission offiziell in Auftrag gegeben. Nun, das international tätige geographische Institut IGN, das zweitausend Leute beschäftigt, will medienwirksam sein, Know-how in Sachen kartographische Präzisionsmessungen zur Schau stellen. Immerhin mußte Jean-Georges Affholder, namhafter IGN-Forscher, für das knifflige Errechnen des EU-Pols nicht nur die Kontinentalterritorien aller 15 Unionspartner berücksichtigen, sondern auch deren Überseegebiete wie die Azoren, Madeira oder die Französischen Antillen sowie insgesamt 2100 kleinere Inseln (davon allein 650 in Finnland).

Das Herz der EU, präzise auf 4°39′59″ östlicher Länge und 50°0′33″ nördlicher Breite situiert, verbirgt sich im struppigen Ardenner Wald nahe Oignies-en-Thiérarche, einem der acht Dörfer, die 1977 zum Gemeindeverband Viroinval fusionierten. Ein Kunstwerk aus Glas, die »Licht-Kathedrale«, bei einer als Trou du Diable, Teufelsloch, benannten Lichtung, markiert die Stelle.

Die 5600 Einwohner von Viroinval erhofften sich durch die glückliche Fügung touristischen Segen für ihre von dreißig Prozent Arbeitslosigkeit (der höchste Satz in Wallonien) gekennzeichnete Region. »Ohne die Niederländer, die hier im Sommer Campingurlaub machen, wäre mein Restaurant schon längst pleite«, klagt Alfons De Rouck, Patron des Restaurants und Hotels Les Chasseurs in Oignies-en-Thiérarche. »Das Zentrum Europas lockt zwar zusätzliche Besucher in unsere entlegene Ecke, doch es könnte mehr für diese Besonderheit geworben werden. Auch die Beschilderung ist verbesserungsbedürftig, denn wer zum geographischen Puls der Europäischen Union vordringen will, der muß sich durchfragen.«

Die Gemahlin von Monsieur De Rouck hat uns zartes Wildschweinragout zubereitet, und so stört es uns nicht, daß wir die einzigen Gäste in diesem typischen Ardenner Gasthaus sind. Das Dekor mit den billardgrünen Tischtüchern, den aprikosenfarbenen Servietten und dem gobelinbunten Teppichboden ist kitschig und doch behaglich. Vom verschnörkelten Buffet schauen uns ein ausgestopfter Fuchs und ein Kitz beim Schlemmen zu. Die Jagd ist hier sehr populär. Dichter Wald, der besonders in winterlichem Nebel von Shakespeareschem Zauber ist, hüllt über die Hälfte des 12.100 Hektar großen, hügeligen Gemeindegebietes ein. Wanderpfade führen an gurgelnden, forellenreichen Bächen vorbei und über Wiesen, deren poröser Kalkboden wilde Orchideen gedeihen läßt.

Die Häuser in den versunkenen Weilern sind aus grauem Granitgestein, die schmucklosen Mauern solide, um den Winterstürmen zu trotzen. Eng aneinanderstehende Arbeiterhäuschen erinnern an verblichene industrielle Prosperität. Einst beschäftigten Schiefergruben, Gerbereien und Schmieden Hunderte von Leuten. Heute gibt es in ganz Viroinval keine einzige Fabrik mehr. In der Landwirtschaft arbeiten lediglich drei Prozent der aktiven Bevölkerung.

Wer nicht auswandert, nimmt lange Anfahrtswege nach Brüssel oder Charleroi in Kauf, um dort sein Brot zu verdienen. In diesem Klima wirtschaftlichen Katzenjammers ist eine Belebung des Fremdenverkehrs der einzige Lichtblick. Eine Attraktion ist die längste Go-Kart-Bahn Europas bei der Ortschaft Mariembourg. Regen Zulauf findet auch eine schnaufende Dampflok, die Mariembourg in der Saison mit dem fünfzehn Kilometer entfernten Treignes verbindet, wo man ein Eisenbahnmuseum eingerichtet hat.

Treignes nennt sich »Dorf der Museen«, da es mit noch drei weiteren sehenswerten Ausstellungen wirbt: einem archäologischen Museum, einem mit altem landwirtschaftlichem Gerät sowie einem, das an bäuerliche Traditionen erinnert und in einer *ferme-château,* einem schloßähnlichen Gehöft aus dem 17. Jahrhundert, untergebracht ist.

In Viroinval weiß man, daß solche Anziehungspunkte bescheiden sind und nicht ausreichen, um gegen gewichtigere Tourismusziele in der Provinz Namur, wie den Flußtälern von Meuse und Lesse oder den Grotten von Han, zu konkurrieren. Die Schaffung eines Naturparks mit entsprechendem Animationsangebot soll deshalb die landschaftlichen und ökologischen Reize unterstreichen.

Es gilt vor allem, Viroinval überhaupt ins Gedächtnis potentieller Gäste zu rufen. Die Kür zu Europas geographischem Zentrum, auch wenn dies eher anekdotischen Charakter hat, bietet dazu eine gute Gelegenheit. Doch die Zeit muß genutzt werden, da die Berühmtheit nicht ewig währen wird. Neue Kandidaten für eine EU-Mitgliedschaft drängeln vor den Türen der Brüsseler Kommission. Und in der Pariser IGN-Zentrale fiebert Jean-Georges Affholder dem Moment entgegen, wo er seinen Datenrechner mit den geographischen Koordinaten neuer EU-Länder füttern kann, damit, schwuppdiwupp, Europas geographisches Zentrum sich wieder verschiebt und die Bewohner eines anderen Fleckens glücklich macht.

Im Rausch des Trippelschritts

In Binche fiebern alle dem Tag des Gille entgegen

Es ist kein graziles Abfedern, kein wildes Stampfen und auch kein archaischer Veitstanz. Einmalig, ekstatisch, mystisch ist der Trippelschritt des Gille, an dem sich am »Fetten Dienstag« (Faschingsdienstag) eine ganze Stadt berauscht. Die Bürger der wallonischen Karnevalshochburg Binche im Hennegau fiebern das ganze Jahr über nur einem Tag entgegen – dem Tag des Gille.

Schon seit sieben Wochen wird in Binche der Karneval gefeiert. Bei den Probeabenden der Trommler, beim Travestietag der »scheußlichen Nudelreste« oder beim Maskentreiben am Fetten Sonntag konnten auch die Frauen aktiv werden. Der Fette Dienstag aber ist reine Männersache: Ein weiblicher Gille wäre undenkbar.

Bereits am Vorabend steht die Stadt Kopf, wenn in den Kneipen der Karneval der Jugendlichen wütet. Mit Trillerpfeifen ausgerüstete Kellner müssen sich dann einen Weg durch Knäuel tanzender Eisbären und Elfen mit Punkfrisur bahnen. Es wird eine lange Nacht.

Dann graut der Morgen, und er ist da, der Tag des Gille. Frühmorgens gegen fünf Uhr werden die Vermummten von den Trommlern der verschiedenen Korporationen abgeholt und zu den Versammlungsstellen geleitet. Das Ritual wird mit Champagner begossen. Die Gilles tragen Kostüme aus grobem Leinen, die mit Wappenlöwen in den belgischen Landesfarben geschmückt und mit Strohbüscheln ausgestopft sind. Vorne ähnelt ein Gille nun dem berühmten Reifenmännchen, hinten dem buckligen Glöckner von Notre-Dame.

Als es vom Belfried zehn Uhr schlägt, hämmern schon tausend Paare von schweren Holzschuhen aufs Pflaster der von mittelalterlichen Ringmauern eingezwängten Gassen. Pulks von Gilles, junge und alte, schwenken kleine Reisigbesen und bewegen sich in jenem bizarren Schritt weiter, den es nur in Binche gibt. Angefeuert werden die wie in Trance tänzelnden Hauptakteure vom Grollen der Trommeln und vom Getöse der Blechinstrumente. Ein Kokon von unkostümierten Freunden und Verwandten wogt und wippt im gleichen ansteckenden Rhythmus, dreht und wendet sich. Selbst eingeschworene Karnevalsmuffel ertappen sich dabei, wie sie sich von diesem wallonischen Tamtam und seinen Schamanen verführen lassen, leicht in die Hocke zu gehen und kreiselnd zu trippeln.

Der Kopf des Gille ist wie bei einer Mumie mit einer weißen Bandage umwickelt, um den Hals trägt er eine plissierte Krause und um die Taille einen schweren Schellengürtel. Das Gesicht verbirgt er hinter einer Wachsmaske mit Bärtchen und grünem Brillenglas. Alle sehen gleich aus, es gibt keine Hierarchie. Erst beim nachmittäglichen Umzug, beim furiosen Crescendo, werden Anonymität und Wachsmaske abgelegt, bringen prachtvolle Straußenfederhüte individuelle Koketterie ins entfesselte Schauspiel.

Über den Ursprung der Gilles und über Karnevalsrituale aus aller Welt klärt das Internationale Karnevals- und Maskenmuseum auf, das im ehemaligen Augustinerkollegium untergebracht ist. Am Fetten Dienstag selbst ist es zwar geschlossen, aber an den anderen Fastnachtstagen – und das ganze Jahr über – gewährt es Einblick in ein faszinierendes Panoptikum der absonderlichsten Vermummungsbräuche.

Ein als venezianischer Pestarzt mit Schnabelnase verkleideter Museumsangestellter führt durch die Räume mit lebensgroßen kostümierten Figuren. Zeremonienwelten liegen zwischen dem strammen Kölner Ehrengardisten und dem dämonischen, gehörnten Antilopenmenschen aus Nigeria. Der Carneval do Brasil ist hier ebenso präsent wie der Mardi Gras aus New Orleans. Ein rüsseltragendes Hänsele aus Überlingen, ein Bad Dürrheimer Salzhansel und ein Rössletreiber aus dem Schweizer Biel machen einen noch relativ zivilisierten Eindruck im Vergleich zu alptraumhaften Gestalten wie den rumänischen Blättermännern, den westfälischen Strohbären, den warzenbespickten Hexen der Basler Fasenacht, den glubschäugigen Schafsmenschen oder den mit Dreizack bewaffneten zerlumpten Teufeln.

Die größte Museumssektion ist selbstredend dem lokalen Gille gewidmet. Hier erfährt man, daß es ihn schon im 14. Jahrhundert gegeben haben soll, als kultische Figur der Jahreszeitenwende, zuständig für eine gute Ernte. Schriftliche Spuren finden sich aber erst 1795. Französische Revolutionstruppen, die Binche besetzt hielten, sahen in den Gilles-Umzügen eine verdächtige Zusammenrottung aufmüpfiger Individuen. Doch die Bürger setzten sich über das von den Franzosen verhängte Vermummungsverbot hinweg. Genauso unbekümmert ignorierten sie später die Einwände der Priester, die von der Kanzel herab gegen die »heidnische Maskerade« wetterten.

Gegen Mittag werden am Fetten Dienstag die Gilles-Verbände im Gemeindehaus empfangen. Der Bürgermeister verteilt Orden an langjährige Mitglieder. Dann ziehen sich die Gilles für eine Pause zurück. Doch wer glaubt, Binche käme jetzt für einige Stunden zur Ruhe, der hat nicht mit dem Feiervermögen der *Binchois* gerechnet. In den Cafés dröhnen die Lautsprecher und wackeln die Tresen. Garagen und sogar Wohnstuben werden zu Imbißbuden, wo es Buletten und Fritten gibt. Studentencliquen fallen ein, besprühen das Publikum mit Plastikspaghetti aus Spraydosen.

Um 15 Uhr annonciert das Knallen einer Feuerwerksrakete den Höhepunkt des Tages – den Umzug der Gilles. Von Pierrots und Kolombinen angeführt, defilieren sie, nun den einen Meter hohen und drei Kilo schweren Straußenfederschmuck auf dem Kopf balancierend, durch die Hauptstraße in Richtung Rathausplatz. Schon Tage vorher haben die Einwohner vor ihren Hausfenstern Maschendrahtrahmen angebracht. Denn jetzt schmeißen die Gilles Apfelsinen in die johlende Menge und gegen die Fassaden. Der Orangenbeschuß soll seine Wurzeln in früheren Fruchtbarkeitsritualen haben. Das Obst gilt als Geschenk, Zurückwerfen ist verpönt.

Der Umzug gestaltet sich immer chaotischer, die Trommel- und Blasmusik dröhnt ohrenbetäubend. Alles purzelt durcheinander. Tausende von Schaulustigen haben jede Contenance verloren, tanzen übermütig und schwenken bei jeder Apfelsinenattacke entzückt die Arme. Die Kälte hat die Backen der Gilles gerötet, das viele Bier die Augen glasig gemacht. Aber mit der Ausdauer von Triathleten trippeln sie weiter bis zum Rathaus, wo sie sich im Reigen drehen, unermüdlich, bis bei Einbruch der Dämmerung ein Feuerwerk den Umzug beendet.

In den Pinten wird bis zum Gehtnichtmehr weitergefeiert. Wer dann heimkehrt, muß aufpassen, daß er nicht in einem Brei von Apfelsinenmatsch und Konfetti ausrutscht. Kein Schaufenster, das nicht bekleckert ist. Der Rausch war wieder einmal riesig, der Kater wird es auch sein. Aschermittwoch ist in Binche der Tag der Müllmänner.

Mal launisch, mal stolz

Die Maas ist die Proletin unter Europas Flüssen

Während der Rhein mit Lorelei-Romantik einlullen kann und die Donau mit Walzergefiedel, ist die Maas die geschmähte Proletin unter Europas Wasserläufen. Sie durchfließt Kies- und Kohleabbaureviere, kühlt mit ihren Wassern die Kernkraftwerke im französischen Chooz und im belgischen Tihange, schluckt die ungereinigten Abwässer von Namur und Lüttich und muß ihre Wasser auch noch hergeben, um Schiffahrtskanäle in Flandern und den Niederlanden zu speisen. Streckenweise haben Wassererwärmung, Algenwachstum und Sauerstoffarmut den Alarmpegel längst überschritten, ziehen die Angler schadstoffbelastete Hechte und Plötze aus dem Wasser.

1997 wurde die Maas von der »Naturfreunde-Internationale« zur Landschaft des Jahres gewählt. Die von Wien aus gesteuerte Natur- und Umweltschutzvereinigung bestimmt alle zwei Jahre eine bedeutsame gefährdete grenzüberschreitende Region zur Landschaft des Jahres. Eines haben die gekürten Naturregionen gemeinsam: Sie hängen am Tropf und sind bedroht von saurem Regen, landwirtschaftlichen Düngegiften, Monokulturen, wirtschaftlichem Raubbau, Massentourismus und Landflucht.

Die Maas schlägt regelmäßig mit Überflutungen zu. An der französisch-belgischen Grenze war im Winter 1995 der Fluß über die Ufer getreten und über die Stufen der Häuser geschwappt. In manchen Kellern stand die schlammige Brühe bis zur Decke. Im französischen Grenzort Givet wurden die Einwohner mit Schlauchbooten aus ihren Wohnungen gerettet. Die herbeigeeilten Fernsehreporter, prahlerisch in hüfthohen Anglerstiefeln vor der Kamera posierend, berichteten live aus dem überfluteten Notstandsgebiet im französisch-belgischen Grenzgebiet.

»La Meuse est en colère«, die Maas ist verärgert, raunten sich damals die Alten zu, die die Tücken des Stromes von früheren Überflutungen kannten. »Seit dem letzten Hochwasser hat sich nicht viel geändert«, wettert ein Angler gegen die Politiker und ihre hohlen Versprechungen. »Der Sand, der sich im Flußbett angehäuft hat, müßte herausgebaggert werden, damit das Wasser bei starkem Regen und Schneeschmelze nicht mehr so schnell über die Ufer tritt.«

Doch hinter der launischen, aber siechen Maas verbirgt sich auch eine stolze Wasserader mit von Pappeln und Feuchtwiesen gesäumten Mäandern an ihrem Oberlauf, mit atemberaubenden, weit schwingenden Passagen zwischen weißen, legendenumwobenen Kalkklippen in Wallonien und mit trägem Dahingleiten in sattgrüner, niederländischer Polderszenerie.

Die Maas entspringt im französischen Pouilly-en-Bassigny auf dem Plateau von Langres, bahnt sich ihren Weg durch Frankreich, Belgien und die südlichen Niederlande. Bis zu ihrer Mündung bei Rotterdam ist die Maas 925 Kilometer lang.

Kurz bevor der Fluß über die französisch-belgische Grenze wechselt, erinnert das Städtchen Givet an die historische Bedeutung der Maas. Um die wichtige Schiffahrtsstraße nicht dem Feind überlassen zu müssen, mauerte man entlang des Laufes Bastion an Bastion. In Givet war es Karl V., der 1555 auf einem schwindelerregenden Plateau über der Maas das Fort Charlemont errichtete. Vauban, Festungsbaumeister des Sonnenkönigs Ludwig XIV., verlieh 1678 der Wehranlage ihre heutige spitzwinklige Form. Unten wirken die wie an die Felswand gekleisterten Häuschen streichholzschachtelgroß. Ob die Klienten der Bar sous les rocs, der Kneipe unter den Felsen, nicht befürchten, daß ihnen mal von oben ein Steinklumpen durchs Dach und auf den Tresen donnert?

Victor Hugo war bei seiner Givet-Visite im Jahre 1838 weniger von der massiven Zitadelle beeindruckt als von dem Glockenturm der Kirche Saint-Hilaire, über dessen drollige Form er sich ausgiebig mokierte. Die Turmspitze sehe aus, so der Dichter, wie eine viereckige Advokatenmütze, auf die der Architekt eine umgekehrte Salatschüssel gepfropft habe, gefolgt von einer Zuckerdose, einer Flasche und, zur Krönung, einem aufgespießten Wetterhahn.

Hugo war unterwegs an den Rhein. Und so hat er maasabwärts auch die auf engem Raum zwischen Felsen und Fluß zusammengestauchte belgische Stadt Dinant durchquert. Was er vom Turm der im 13. Jahrhundert errichteten Stiftskirche Nôtre-Dame gehalten hat, ist nicht überliefert. Wahrscheinlich hat er sich vor Lachen gekugelt. Denn der birnenförmige Turmhelm sieht noch eigentümlicher aus als jener in Givet. Die in maasländische Gotik gewandete Kirche ist ein architektonisches Unikum. Von zwei mächtigen Baublöcken flankiert, ähnelt der Bau einer zweistufigen Sojus-Rakete.

Dinant ist ein quirliges Ausflugsziel, nicht zuletzt wegen der markanten Kirche, der Zitadelle, zu der kleine Gondeln hinaufschweben, und des Bayard-Felsens, auf dem das Wunderpferd Bayard durch einen Riesensprung die vier Haimonskinder vor den Häschern Karls des Großen auf das linke Ufer gerettet haben soll.

Auf dem Fluß, wo im Mittelalter die berühmten *dinandiers,* die Messing- und Kupferschmiede, kostbare Evangelienpulte, Leuchter und Kannen verschifften, bimmeln die Glocken der Ausflugsboote. Bei schönem Wetter stauen sich die Autos entlang der Uferstraße, Abgasschwaden ziehen bis in die überfüllten Straßencafés. Aus den mit Neonreklamen verschandelten Imbißstuben, in abgetakelten Gründerjahrvillen untergebracht, riecht es nach Waffeln und Fritten. Dann mutiert Dinant zu einem belgischen Blackpool.

Kunstinteressierte zieht es nach Antheit, einem Dorf nahe der Maasstadt Huy. Hier wurde 1897 der Maler Paul Delvaux geboren. Bevor er zu seinem poetisch-surrealistischen Stil fand und nackte Frauen, Skelette, Straßenbahnen und Telegraphenmasten malte, porträtierte er von 1920 bis 1926 seine Heimatregion: die Gassen von Huy, Felder, Kanäle, Schleusen.

Wenn man dem Fluß in Richtung Lüttich folgt, geht einem ein bestimmtes Delvaux-Gemälde nicht aus dem Kopf. Das 1923 gemalte Bild ist in grünlich-trübes Licht getaucht, einsam dümpelt ein Anglerboot in der Flußmitte, die Umrisse der am Quai vertäuten Schleppkähne sind gespenstisch verschwommen, Fabrikschlote speien Rauch in den Himmel. Das Bild hätte heute entstehen können. Zwar sind die Feuer der Kohlehochöfen erloschen, die einst der *cité ardente,* der »feurigen

Stadt«, ihren Namen verliehen. Doch an der Lütticher Peripherie diktiert noch immer die Industrie das Schicksal der lehmig-gelben Maas: Chemie- und Zellstoffwerke, Raffinerien, Zementfabriken, Ziegeleien und Zinkunternehmen.

Nördlich von Maastricht zieht sich die Grenzmaas hin, die auf einer Länge von fünfzig Kilometern belgisches von niederländischem Territorium scheidet. Der Schiffsverkehr wird an diesem Abschnitt über den Juliana-Kanal umgeleitet, so daß auf der Grenzmaas Kajakfahrer unbehelligt paddeln können. Aber auch hier wurde der Strom nicht von ungebremster Ressourcenausbeutung verschont. Wie die Arme einer Riesenkrake ragen vielerorts angewinkelte Baggerarme hinter haushohen Kieshügeln empor. Durch das Ausbaggern des Flußbettes bildeten sich Krater, die sich mit Wasser gefüllt haben. Entstanden ist dadurch eine reizvolle Seenplatte, die auch Segler und Surfer anlockt und an deren Ufer Austernfischer, Brandente und Eisvogel nisten. Für die Dörfer stellt die Auenlandschaft aber eine unberechenbare Hochwasserzone dar.

Im Naturschutzzentrum De Wissen, im einstigen Korbflechterdorf Stokkem im belgischen Limburg, verdeutlichen Videoaufnahmen, wie heimtückisch das aquatische Flickwerk der Grenzmaas sein kann. Bei der verheerenden Überschwemmung von 1993 mußten Kühe mit dem Hubschrauber von wasserumschlossenen Weiden aufs trockene Festland gehievt werden.

Das Zentrum De Wissen informiert nicht nur über Geographie, Flora und Fauna der Grenzmaas, sondern auch über den Gesamtverlauf des Flusses. Hier laufen die Fäden zusammen für das Unternehmen »Groen voor Grind« (Grün statt Kies). Dieses Projekt sieht vor, daß es im Jahre 2005 ganz vorbei ist mit dem Wühlen im Flußbett. Dann soll die Grenzmaas als Biosphärenreservat glänzen, in dem die häßlichen und lärmenden Kiesförderanlagen die landschaftliche Idylle nicht mehr trüben.

Vom niederländischen Roermond aus und bis hinauf zum *Land van Maas en Waal* ist die Maas von Deichen eingezwängt, die immer höher werden und die Siedlungsräume für Pflanzen und Tiere einschränken. Der Flußlauf ist von solch eintöniger Geradlinigkeit, als würde die Maas durch ein Fegefeuer der Langeweile geschickt. Die Naturfreunde plädieren für eine Renaturierung des Flusses. Dort, wo es Topographie und Politikerwille erlauben, sollen die Deiche abgetragen werden, damit die Maas wieder zu einem durchatmenden, frei mäandernden, schilfgesäumten Fluß wird.

Mit der Tram in den Kongo

König Leopold und sein liebstes Spielzeug

Waldsterben war noch ein Fremdwort, als Belgiens Nationalpoet mahnte: »Glücklich sind die Städte, die von Bäumen beschützt werden.« Diese Zeile schrieb Emile Verhaeren um die Jahrhundertwende. So gesehen waren die Brüsseler wahre Glückspilze, denn ihre Stadt umgab ein gewaltiger Grüngürtel. Obwohl Kahlschlag und Umwelteinflüsse die Parks und Wälder rund um die belgische Metropole haben schrumpfen lassen, können sich die Brüsseler noch immer einer üppigen »grünen Lunge« rühmen. Andere Großstädter würden sie darum beneiden.

Daß die *Bruxellois* auch heute noch in großzügig angelegten Parkanlagen flanieren und sich in nahen Wäldern von der abgasgeschwängerten Cityluft erholen können, haben sie zu einem wesentlichen Teil König Leopold I. zu verdanken. »Eine Stadt braucht Luft und Raum«, hatte er schon bei seiner Thronbesteigung im Jahre 1865 doziert. Der Provinzstaub sollte aus der belgischen Kapitale hinausgefegt werden und großstädtischem Flair Platz machen. Der architekturbesessene Souverän, von seinen Untertanen als *roi urbaniste* tituliert, griff tief in die Staatsschatulle und ließ monumentale Gebäude errichten wie den kolossalen Justizpalast, der mit 26.000 Quadratmetern damals das gewaltigste Bauwerk Europas war.

Auch als neue Straßen angelegt wurden, war eine Neigung zum Gigantismus unübersehbar. Der eigenwillige Herrscher hatte sich keinen Geringeren als den Pariser Boulevard-Architekten Haussmann zum Vorbild genommen. Es entstanden breite, elegante Avenuen und Alleen, die bis aufs Land hinausführten, und in weitverzweigten Parkanlagen staute man Wasserläufe zu Seen.

Die prunkvollste der Avenuen ließ Leopold II. 1896 nach eigenen Plänen anlegen. Sie ist heute Brüssels feinste Adresse und führt vom Zentrum in den zehn Kilometer entfernten Vorort Tervuren. Diese Prachtstraße ist so breit, daß, wären nicht die Bäume an den Rändern und die mit englischem Rasen, Sträuchern und Blumenbeeten bewachsenen Inseln in der Mitte, problemlos ein Jumbo-Jet darauf landen könnte. Als »Eingang« zur Avenue de Tervuren gilt die Arkade des Cinquantenaire, ein protziger, an unselige Diktatorenarchitektur erinnernder Triumphbogen, den Leopold II. zum Gedenken an die Fünfzigjahrfeier der belgischen Unabhängigkeit hatte errichten lassen.

Doch nicht nur als Modernisierer des Brüsseler Stadtbildes ist Leopold II. in die Geschichte eingegangen. Genauso kompromißlos, wie er seine urbanistischen Pläne vorantrieb, befriedigte er seine kolonialen Gelüste. 1892 hatte der König nicht weniger als zwei Millionen Quadratkilometer des an Bodenschätzen reichen Kongo-Territoriums (heute Demokratische Republik Kongo) in seinen Privatbesitz gebracht. Um den Belgiern seine Kolonialpolitik schmackhaft zu machen, lud der Monarch 1897 in den Palais des Colonies nach Tervuren ein, wo er kostbare Elfenbeinschnitzereien und Jagdspeere, Diamanten und eiergroße Goldklumpen, ausgestopfte Elefanten und andere noch nie gesehene Exponate zeigte. Diese Ausstellung war der Grundstein für das heutige Königliche Museum für Zentralafrika.

Da sich jedoch nur die wohlhabenden Brüsseler eine Fahrt mit der Privatkalesche oder mit einem gemieteten Landauer zur Kongo-Schau leisten konnten, ließ Leopold II. in der Avenue de Tervuren Schienen verlegen und eine elektrische Straßenbahn in Betrieb nehmen. Tausende von Belgiern lösten damals ein fünfzig Centimes teures Tramticket, um nach Tervuren zu kommen. Diesen Ausflug kann man heute noch auf gleiche Weise unternehmen. Eine private Vereinigung von Trambahnfreunden hat alte Wagen aus der Jahrhundertwende instand gesetzt und läßt die nostalgischen Gefährte von April bis Oktober jeweils samstags, sonntags und feiertags auf dem normalen Schienennetz der Linie 44 zirkulieren.

Abgefahren wird vor dem Trambahnmuseum in Woluwé. Ein Schaffner in stilechter Uniform locht die Fahrkarten. Der Tramwayfahrer läßt die Glocke bimmeln, zieht an Seilen und dreht an Kurbeln. Ein Ruck, und das betagte Vehikel zockelt ächzend und ratternd über die Avenue de Tervuren, derweil rechts und links Autofahrer, alle Geschwindigkeitsvorschriften mißachtend, vorbeirasen. Man sitzt auf roten Plüschbänken und bewundert die Türbeschläge aus Kupfer, die Vorhänge aus solidem Leinen und die kunstvoll ziselierten Lampenschirme. Allgegenwärtig sind die Zeugnisse des belgischen Sprachenstreites. So wurden schon damals den Passagieren auf Messingschildern zweisprachig das Spucken untersagt: *Défense de cracher* für die Wallonen, *Niet spuwen* für die Flamen.

Bei dem Schneckentempo, das die Tram beharrlich einhält, hat man genug Muße, neidvoll die luxuriösen Wohnhäuser an der Avenue de Tervuren zu bestaunen. Schloßähnliche Villen im Tudorstil wechseln mit Bungalows aus der Kubismusepoche und mit Fassaden im Art-déco-Stil ab. Die blitzblank geputzten Karossen, die vor den Garageneinfahrten parken, tragen häufig Nummernschilder mit Diplomaten-, EU- oder Nato-Kennzeichen.

Bald verlassen die Schienen das Brüsseler Stadtgebiet, und die bimmelnde Tram taucht in den viertausend Hektar großen Wald von Soignes ein, das einstige Jagdgebiet der Grafen von Brabant. Jogger versuchen keuchend, mit der Bahn Schritt zu halten, johlende Kinder auf Mountainbikes veranstalten mit ihr Wettrennen, und meerschweinchengroße Schoßhündchen kläffen ihr aufgebracht entgegen. Zwischen den Buchen und Eichen wuchert Efeu und wachsen Anemonen, die ersten Schrebergärten tauchen auf, man ist fern aller Großstadthektik.

Nach knapp halbstündiger Reise ist die Endstation erreicht. Die durchgerüttelten Glieder kann man beim Spaziergang zum nahen Afrikamuseum entkrampfen. Leopold II. hatte eigens ein Schloß im Louis-seize-Stil bauen lassen, um nach der Kolonialausstellung die ständig wachsenden Sammlungen und Dokumentationen aufzunehmen. Im Laufe der Jahrzehnte wurden die Kollektionen auf ganz Zentralafrika ausgeweitet, und heute zählt das Museum zu den meistbesuchten Sehenswürdigkeiten des Landes.

Gleich in einem der ersten Ausstellungsräume wird über jene Bodenschätze und Agrarerzeugnisse informiert, denen Belgien seinen Reichtum verdankte: Kupfer, Kobalt, Uran, Mangan, Diamanten, Elfenbein, Baumwolle, Erdnüsse, Palmöl und Maniok. Diese Abteilung wirkt auf Kinder eher langweilig, die zieht es meist zu den ausgestopften Säugetieren, Vögeln, Insekten und Reptilien. Ein Dreikäsehoch zerrt seine Eltern am Ärmel; er will zu den »großen Tigern in Pyjamas«, die sich dann als Zebras entpuppen. Die ganze afrikanische Fauna gibt sich unter künstlichem Savannengewitter ein Stelldichein: Riesengürteltiere, Giraffen, Nashörner, Krokodile, Antilopen und Okapis. Ein leichter Schauder läuft dem Besucher über den Rücken, wenn ihn aus den Konservierungsgläsern die toten Augen von Pythons und Piranhas anglotzen.

Obwohl dieses Museum in all seiner Vielfalt als einmalig gilt, kommen die Bewohner Zentralafrikas nur als folkloristische Statisten vor. Allenfalls ihre handwerklichen Fähigkeiten werden gewürdigt: So zeigt man kostbares Geschmeide, Fetische, Tanzmasken, eine 22,5 Meter lange Piroge des Lengola-Stammes füllt nahezu einen ganzen Raum. Ansonsten dominieren die Klischees des trommelnden Wilden.

Die Schattenseiten der belgischen Kolonialpolitik werden tunlichst verschwiegen. Der Besucher erfährt nichts über die Zwangsarbeiten, zu denen die Schwarzen verpflichtet wurden, und auch nichts über die grausamen Verstümmelungen, mit denen unwillige Eingeborene bestraft wurden. Mark Twain nannte Leopold II. wegen der Brutalität seiner Emissäre eine »wilde Bestie«.

Zur damaligen Kongo-Ausstellung hatte man einen ganzen »Negerstamm« nach Brüssel bringen lassen, der mit Tänzen das Publikum unterhielt.

Auf originalgetreues Afrikaambiente bedacht, ließ man die Stammesmitglieder in Strohhütten im Freien übernachten. Sechs von ihnen überlebten die ungewohnte Kälte und die beschwerliche Reise nicht; sie liegen auf dem Friedhof von Tervuren begraben.

Die Wochenendausflügler, die sich heutzutage in der Park- und Seenlandschaft rund um das Schloß tummeln, werden sich wohl weniger für solch düstere Episoden der belgischen Kolonialgeschichte interessieren, sondern eher ihr Freizeitvergnügen suchen. Da locken Wanderpfade und Radwege, die sich durch den Wald von Soignes schlängeln, die Seen kann man mit dem Tretboot erkunden. Vor den Pommes-frites-Buden bilden sich Schlangen, und in den Tavernen der Ortschaft bestellen die Gäste unermüdlich.

Mit Freizeitanlagen wie dem Park von Tervuren wollte Leopold II. nicht zuletzt von seinen kostspieligen Passionen ablenken. Sein letztes bombastisches Projekt, von seinen Kritikern als Größenwahn angeprangert, konnte der Regent nicht mehr verwirklichen. Er wollte von Brüssel aus schnurgerade, fünfzig Meter breite Straßen bis nach Oostende, Antwerpen und Nordfrankreich anlegen lassen. Kurz bevor die Arbeiten beginnen sollten, im September 1909, starb der König.

Wenn die Flamen ihr Kreuz tragen

Gottesfurcht und robuste Lustigkeit

Herodes chargiert wie auf der Dorfbühne. Die Legionäre zu seinen Seiten müssen einen Schwall wüster Beschimpfungen über sich ergehen lassen. Der falsche Bart des Herodes ist verrutscht, zwischen den Sandalenriemen leuchten weiße Tennissocken. So mancher Zuschauer kann sich ob des kernigen theatralischen Intermezzos ein Grinsen nicht verkneifen. Die Büßerprozession im westflandrischen Veurne (französisch: Furnes) ist halb Oberammergauer Festspiele, halb Komödienstadel. Im Jahre 1644 hielt die Laienbruderschaft Sodaliteit die erste Prozession ab, um Krieg und Pest fernzuhalten.

Alljährlich am letzten Julisonntag verstummt pünktlich um 15.30 Uhr das Autoscooter- und Lunapark-Getöse der Kirmes am Grote Markt. Nur *t'Bomtje,* die schwere Hauptglocke der Sankt-Nikolaus-Kirche, darf jetzt noch mit ihrem dumpfen Geläute den Bittgang akustisch begleiten. Die Veurner haben Stühle auf die Bürgersteige gestellt, die sie an Zuschauer vermieten: Fünfzig Franken kostet ein Sitzplatz in der Zwarte Nonnenstraat, sechzig Franken am Marktplatz. Kurz ehe Fanfarenstöße den Beginn des Schauspiels ankündigen, kann ein entgeisterter Vater noch rasch die Reklametafel seines allzu geschäftstüchtigen Sohnemanns entfernen, der ganz unfromm durch den Verkauf von Cola light und Eis am Stiel sein Taschengeld aufbessern wollte.

Angeführt wird der Zug von Einwohnern, die holzgeschnitzte Heiligenfiguren tragen und biblische Szenen nachstellen. Der ansonsten friedfertige Metzger mimt einen Folterknecht, der den dornengekrönten Jesus auspeitscht. Und der Briefträger spielt seit Jahren bravourös die Rolle des Noah, der ein Modell der Arche umklammert. Vor jeder Gruppe schreitet ein kraushaariger Engel, der ein Schild mit dem Namen der biblischen Szene trägt: »Der Sündenfall des ersten Menschen«, »Stall von Bethlehem« oder »Pilatus und seine Richter«. Die Prozession vermischt finstere religiöse Mystik aus der spanischen Besatzerzeit im 17. Jahrhundert mit flämischer Lust am derben, folkloristischen Kostümspektakel. So werden Palmzweige geschwenkt, blökende Schafe mitgeführt, und Kuttenträger schieben Handkarren hinter den berittenen Legionären her, um die Pferdeäpfel einzusammeln.

Unter den Schaulustigen vernimmt man respektvolles Raunen, als schweigsam und gebeugt die zweihundert schwarzgekleideten, vermummten Büßer und Büßerinnen vorbeiziehen, die bis zu 25 Kilo schwere Holzkreuze auf ihren Schultern schleppen. Die schaurig wirkenden Kapuzen lassen nur Augen und Mund frei. Sanitäter stehen bereit, um zusammengesackte Darsteller zu verarzten.

Viele reumütige Kreuzträger sind von weit her angereist. Etwa jener in Italien zu Reichtum gekommene Veurner, der jedes Jahr einfliegt, um inkognito Sühne zu leisten. Die einen betrachten die Kasteiung als Ausdruck von Frömmigkeit, für die anderen ist es lediglich eine sportliche Kraftprobe. Die Mitglieder der veranstaltenden Sodaliteit, die sich selbst als Soldaten Christi bezeichnen, bewerten die Teilnahme als »aufrechte gottgefällige Tat, die zuweilen Gegenstand eines Gelübdes ist«. Die demütige Parole lautet: »Sein Kreuz gern tragen, heißt Gott behagen.«

Als der Schriftsteller und Flandern-Freund Rainer Maria Rilke im Sommer des Jahres 1906 in Veurne weilte, zeigte er sich von den damals noch ausschließlich barfüßigen Kreuzträgern stark beeindruckt: »Erst meint man freilich, gerade diesen Büßern fehle es an Ernst und Haltung. Aber je öfter man sie wiedersieht, desto aufrichtiger und unüberlegter wird ihr Tragen, desto mehr kommt unter der vollen Sonne das Kreuz über sie, mit seinem ganzen Sichschwermachen.«

Rilke war im Hotel De nobele Roos (Die noble Rose) in der Noordstraat abgestiegen. In den Fenstern des Renaissancebaus aus dem 16. Jahrhundert hängen heute die Wechselkurse einer Bankfiliale aus. Von diesem Quartier aus erkundete der Dichter und rastlose Reisende die alte Tuchmacherstadt, in der er die »Maßlosigkeit flandrischer Türme« bestaunte. Es ist ein Glücksfall, daß heutige Besucher diese Türme unversehrt vorfinden wie etwa den stilettförmigen Turm der seit dem 13. Jahrhundert immer wieder ausgebauten Sankt-Walburgis-Kirche, den kantigen Glockenturm der Sankt-Nikolauskirche aus dem 12. Jahrhundert oder den im Jahre 1628 gemauerten, spätgotischen Belfried.

Während benachbarte Städte wie Ypern oder Diksmuide im Ersten Weltkrieg bis auf die Fundamente zerbombt wurden, bekamen Veurnes Bauschätze nur geringfügige Kratzer ab. Im Rathaus, wo sich das Hauptquartier der belgischen Armee befand, faßten die Generäle während der Yser-Schlacht den Entschluß, die Schleusen von Nieuwpoort zu sprengen. Die deutschen Truppen blieben im Schlamm der überfluteten Schlachtfelder stecken und konnten nicht bis nach Veurne vordringen.

Veurnes Juwel ist der Marktplatz, befinden sich hier doch Backstein an Backstein würdevolle Bürgerhäuser, deren Stil spanische Gradlinigkeit mit flämischer Verspieltheit vereint. Neckische Fassadenornamente wie barocke Säulen, Muschelreliefs oder gedrechselte Türmchen zieren die geometrischen Treppengiebel. An die Zeit der spanischen Erzherzöge Albrecht und Isabella erinnert der Spanische Pavillon, der im 17. Jahrhundert Unterkunft der spanischen Offiziere war. In unmittelbarer Nachbarschaft stehen die Hauptwache mit ihrer schmucken Bogengalerie sowie die alte Fleischhalle, die beide Anfang des 17. Jahrhunderts errichtet wurden.

Gleich neben dem einstigen Gerichtshof mit seiner Eichendoppeltür baute man zwischen 1596 und 1612 im flämischen Renaissancestil das loggiageschmückte Rathaus. Die einschüchternden Räume des *stadhuis* sind in Georges Simenons bedrückendem Roman »Der Bürgermeister von Furnes« zu literarischen Ehren gekommen.

T'Bomtje hat aufgehört zu läuten. Die letzten Büßer haben taumelnd, aber immerhin noch aufrecht den sündentilgenden Parcours hinter sich gebracht. Und als sei es nur für einen kurzen Nachmittag in die Askese mittelalterlicher Gottesfurcht zurückversetzt worden, verfällt Veurne wieder ungezügelter flämischer Genußsucht. Die Straßencafés füllen sich. Die Kirmesattraktionen

Tagada und Big Game katapultieren wieder ihre Wagen in die Lüfte. Nicht viel anders war es zu Rilkes Zeiten, als er nach Prozessionsschluß irritiert feststellte: »Der Geruch des Fettes aus den Waffelküchen versucht nicht zurückzubleiben hinter den übrigen Sensationen, und die Karussells geraten immer mehr in Schwung. Und immer mehr füllen sich die langen Bänke vor den Estaminets. Denn sie ist ausdauernd, diese robuste Lustigkeit. Tanzanfänge bilden sich in den Ecken des Platzes. Das einfache Umfallen eines Ungeschickten oder Trunkenen findet immer noch wie auf alten vlämischen Bildern den ausgefallenen Beifall eines ganzen Kreises.«

Monarchinnen, Mätressen und Matronen

Belgiens berühmte Frauen

Belgiens Feministinnen legen gelegentlich einen Kranz vor der in der Rue de la Tête d'Or gelegenen Seitenfassade des Brüsseler Rathauses nieder. Die Ehrung gilt der 1335 geborenen Bloemardine, deren Standbild (zweiter Stock, rechts vom mittleren Fenster) von lauter Männerstatuen, Adligen, Schriftgelehrten und Wissenschaftlern, umgeben ist. Frauenvereinigungen bezeichnen die berühmte Mystikerin und Visionärin gerne als »erste belgische Feministin«. Dabei hatte Bloemardine nichts anderes getan, als kräftig an den Grundfesten der in ihren Dogmen erstarrten katholischen Kirche gerüttelt. Bloemardine predigte den Freiheitsgeist und die Toleranz. »Der Natur gehorchen, ist keine Sünde«, hieß einer ihrer Grundsätze, die ihr den Ruf einer Ketzerin einbrachten. Der Einfluß von Bloemardine auf die Bevölkerung war gewaltig und reichte sogar bis an den Hof der Grafen von Brabant. Reiche Anhänger schenkten ihr einen Thron aus Gold.

Nach dem Tod der Predigerin, der man auch allerlei Wunder zuschrieb, wurde der Kult um Bloemardine bis zum Exzeß betrieben. Einer der erbittertsten Gegner ihrer freigeistigen Lehren war Jan Ruusbroec (1293–1381), Geistlicher in Groenendael. Er ließ Bloemardines Bücher auf der Grand' Place verbrennen und wetterte von der Kanzel gegen ihre Thesen. Die Brüsseler bedachten Ruusbroec daraufhin mit Schmähversen, und mehr als einmal bezog der Bloemardine-Feind beim nächtlichen Heimgang gehörige Prügel.

Bloemardine ist nur eine von vielen bekannten und unbekannten Frauen, die die belgische Geschichte prägten. Dabei wurde dem weiblichen Geschlecht in alten Zeiten immer wieder übel mitgespielt. Da einige Frauen im 15. Jahrhundert bei einer Hinrichtung einen Streit angezettelt hatten, wurde etwa allen Brüsselerinnen fortan die Anwesenheit bei Exekutionen untersagt; bei Nichtbeachtung mußten sie als Strafe »ihr schönstes Kleidungsstück« opfern. Auch der Zugang zu den Tavernen wurde ihnen verboten, es sei denn, sie arbeiteten dort.

Dabei waren es Frauen, die jene Handwerke betrieben, denen Brüssel und andere Städte ihre Prosperität verdankten – ab dem 12. Jahrhundert die Tuchweberei, im 16. und 17. Jahrhundert das Teppichknüpfen und die Spitzenklöppelei. Doch es waren Männer, die die Besitzer der Werkstätten waren und Ruhm und Reichtum einheimsten. »Die Zünfte waren extrem frauenfeindlich. Den Nutzen hatten die Männer, während die Frauen ausgebeutet und von jedem Mitspracherecht ausgeschlossen wurden«, schreibt die Geschichtsforscherin Ghislaine Verlaeckt.

Doch es gab auch Frauen in mächtigen Positionen. Johanna von Brabant (1322 – 1406) regierte das Herzogtum und Brüssel 21 Jahre lang. Maria von Burgund (1458 – 1482), der man Schönheit, Intelligenz und Gutmütigkeit nachsagte, schwang ebenfalls das Zepter, genauso wie Margareta von Österreich (1480 – 1530), Maria von Ungarn (1505 – 1588), Margareta von Parma (1522 – 1586), die Infantin Isabella (1566 – 1633) oder die Herrscherinnen der österreichischen Epoche. Vom 16. bis zum 18. Jahrhundert wurden die Provinzen der südlichen Niederlande insgesamt 150 Jahre lang von Frauenhand regiert. Außerdem gab es in Brüssel viele Ordensgemeinschaften, die von Äbtissinnen verwaltet wurden. Die bekanntesten Frauenklöster, denen auch große Landbesitze und sogar ganze Dörfer gehörten, waren jene von Cambre, Forest und Val-Duchesse.

Als die »schönen Ausländerinnen« sind jene Frauen in die Stadtchronik eingegangen, die sich zwar nur eine Zeitlang in Brüssel aufhielten, deshalb aber um so mehr von sich reden machten. Christina von Schweden etwa, die nach zehnjähriger Herrschaft zugunsten eines Vetters abdankte und sich 1654 im Palais d'Egmont vom Protestantismus zum Katholizismus bekehrte. Die Brüsseler hatten der Ex-Regentin einen triumphalen Empfang bereitet. Während ihres achtmonatigen Aufenthaltes in Brüssel nahmen die Feste und Feuerwerke zu ihren Ehren kein Ende.

Ehefrauen, Freundinnen und Mätressen prominenter Brüsseler Residenten hinterließen ebenfalls Spuren. In den Einkaufspassagen der Galeries Saint-Hubert, genauer in der Passage des Princes, wohnte Juliette Drouet, die ihrem Geliebten Victor Hugo im Jahre 1852 in sein Brüsseler Exil gefolgt war. Jeden Morgen ließ sie dem großen Schriftsteller, der nur dreihundert Meter entfernt auf der Grand' Place wohnte, Geschenkpakete mit Pralinen zukommen. Juliette Drouet war damals 46 Jahre alt, und obwohl Victor Hugo sich von seiner Frau Adèle getrennt hatte, lebte sie nach wie vor diskret in Hugos Schatten. Sie machte sich hinsichtlich der Treue ihres Geliebten ohnehin keine

Illusionen. Hugo hatte nicht nur eine Vorliebe für junge und hübsche Dienstmägde. In seinem akribisch geführten Haushaltsheft fand sich auch die Bezeichnung »Pros.«, stets von einer Geldsumme gefolgt, womit der Dichter seine häufigen Besuche bei Freudenmädchen festhielt.

Im Jahre 1842 verließen die Brontë-Schwestern Emily und Charlotte (deren Werke »Wuthering Heights« und »Jane Eyre« in die Weltliteratur eingingen) ihr heimatliches Haworth in Yorkshire, um in Brüssel die französische Sprache zu erlernen. Sie besuchten das Mädchenpensionat in der Rue Isabelle (heutige Rue Ravenstein). Charlotte verliebte sich in ihren Französischlehrer Constantin Héger, der mit der Direktorin der Schule verheiratet war. Obwohl die Liebe unerwidert blieb, gab Charlotte nicht nach. Im darauffolgenden Jahr kehrte sie nach Brüssel zurück, diesmal allein, um dort als Englischlehrerin zu arbeiten. Doch nach wie vor hegte Constantin Héger nur väterliche Fürsorge für die um seine Gunst buhlende Engländerin, die ihrer Leidenschaft in verzweifelten Gedichten Ausdruck gab – »Can I love? Oh, deeply – truly – warmly – fondly – but not thee«.

Charlotte Brontë zog, unter Seelenschmerz und Verzweiflung leidend, nach England zurück. Ihr amouröses Debakel assoziierte sie mit der Stadt Brüssel, auf die sie nun ihren ganzen Haß entlud. In ihren Romanen »Villette« und »The Professor« rechnet sie mit Brüssel, den Bewohnern und speziell mit ihrem einstigen Schwarm ab. In »Villette« wird die Ehefrau von Professor Héger als eine eifersüchtige Matrone karikiert, »überall spionierend, durch jedes Schlüsselloch spähend, und hinter jeder Tür horchend«.

Eine Frau, die in Brüssel alle Mühe hatte, ihre Familie über die Runden zu bringen, war keine geringere als die Gattin von Karl Marx, geborene Baronin Jenny von Westphalen. Sie war 1845 mit ihrem Mann, den man wegen aufrührerischer Artikel in der Zeitung *Vorwärts* aus Paris vertrieben hatte, und ihrer Tochter Jenny in Brüssel angekommen, wo sie drei Jahre lebten und häufig die Wohnung wechselten. Die treue Haushälterin Lenchen Demuth war mit in die belgische Kapitale gezogen. In Brüssel wurden auch die beiden anderen Marx-Kinder Laura und Edgar geboren.

Genauso wie ihr Gatte wurde Frau Marx von der belgischen Polizei beschattet. Während der von Marx und seinem ebenfalls in Brüssel lebenden Freund Engels einberufenen Versammlungen des »Deutschen Arbeitervereins« (eine Tarnorganisation der Brüsseler Sektion der Kommunistischen Liga) waren regelmäßig Spione der belgischen Regierung unter den Zuhörern.

Karl Marx, der sich weigerte, von seinen Freunden in Deutschland finanzielle Hilfe anzunehmen, war größtenteils von den Geldern seiner Frau abhängig. »Der liebe Karl täte besser, etwas Kapital zu beschaffen, als über das Kapital zu schreiben«, soll Jenny von Westphalen einmal geklagt haben, als das Geld für die Miete wieder einmal nicht reichte und ein erneuter Umzug bevorstand.

Frau Marx machte auch unliebsame Bekanntschaft mit dem Brüsseler Knastalltag. Am 3. März 1848 wurde Jenny von Westphalen nachts auf offener Straße von der Polizei verhaftet, weil sie keine Ausweispapiere bei sich trug. Für eine Nacht wurde sie in eine Zelle des Brüsseler Polizeihauptquartiers (das heutige Hotel Amigo hinter dem

Rathaus) eingesperrt, die sie mit inhaftierten Prostituierten teilen mußte.

Genau wie ihr Mann hatte Jenny von Westphalen sich über verschiedene soziale Mißstände in Belgien, so die Kinderarbeit, schockiert gezeigt. Besonders empört war sie, als im Winter 1847 die luxuriösen Galeries Saint-Hubert eingeweiht wurden. Genau zu jener Zeit herrschte nämlich wegen einer Kartoffelfäule in den ärmeren Vierteln Hunger, und wegen der Kälte mußten die Wohlfahrtsämter den Darbenden beheizte Unterkünfte zur Verfügung stellen. Bissiger Kommentar des Gemahls: »Belgien ist nicht, wie besonders in England angenommen wird, das Paradies der Arbeiter, sondern, im Gegenteil, das Paradies der Kapitalisten.«

Hätten die Brüsselerinnen einen Oscar für frauenfeindliche Äußerungen zu vergeben, kein geringerer als der französische Schriftsteller Charles Baudelaire würde zu den Laureaten gehören. Da seine Brüsseler Zeit alles andere als erfolggekrönt war, ließ der Autor der berühmten Gedichtesammlung »Les Fleurs du Mal« voller Frust seine Wut an seinem Gastland und an dessen Bewohnern aus. Auch die Brüsselerin wurde nicht verschont, und mit folgenden Zügen bedacht: »Eine Nase wie ein Hanswurst, eine Stirn wie ein Widder, Augenlider wie Zwiebelschalen, Augen ohne Farbe und ohne Ausdruck, ein monströser Mund, Plattfüße und Beine wie ein Elefant, obendrein noch aufgeblasen und protzig wie eine Taube«. In Brüssel, so Baudelaire weiter, sei es »für einen Mann kein Verdienst, keusch zu sein«. Gott sei Dank haben Brüssels Frauen bei den meisten anderen Autoren schmeichelhaftere Eindrücke geweckt.

Diabolische Biere

In Belgien wird Bier nicht hinuntergestürzt, sondern genußvoll degustiert

Braumeister Van Roy beschäftigt nur einen einzigen Gesellen, dafür aber stehen zwei flinke Katzen sowie ein Heer wachsamer Spinnen im Dienste der Brüsseler Brasserie Cantillon. Die beiden Mäusejäger sollen verhindern, daß die grauen Nager von den Gerstenkörnern naschen. Und die Spinnen sorgen dafür, daß Insekten in ihren Netzen hängenbleiben und keine unerwünschten Keime einschleppen, die den Brauprozeß beeinflußen könnten.

Allein eine Mikroflora mit dem wissenschaftlichen Namen *Brettanomyces brusselensis* ist in den altertümlichen Brauräumen in der Rue Gheude willkommen. Die unsichtbaren Hefeteilchen, frei in der Luft schwebend, kommen ausschließlich in einem 15-Kilometer-Umkreis rund um die belgische Hauptstadt vor. Dieses Geschenk des Himmels soll es sein, das ohne menschliches Zutun die Gärung der Bierwürze auslöst und so den schaumfreien *lambic*-Gerstensaft entstehen läßt. Eine Mischung verschiedener *lambic*-Jahrgänge ergibt wieder das perlende *gueuze,* eine rein Brüsseler Hopfen- und Malzkreation, die zur Nachgärung in korkverschlossenen Champagnerflaschen gelagert wird.

»Ein Geschmack wie Samt, eine Farbe wie Bernstein«, schwärmt Jean-Pierre van Roy, als er ein zweieinhalb Jahre altes *lambic,* das er aus einem der Holzfässer gezapft hat, andachtsvoll auf der Zunge zergehen läßt. Wir aber haben wohl ob des säuerlichen und schwefligen Geschmacks leicht das Gesicht verzogen, denn der Braumeister belehrt uns: »Unverfälschte *lambic*- und *gueuze*-Biere müssen sauer sein. Oder möchten Sie lieber eine Limonade?«

Die Belgier lassen nichts auf ihr Traditionsgetränk Bier kommen, und schon gar nicht auf das *gueuze*. Da besteht sogar bei Flamen und Wallonen ausnahmsweise Einvernehmen. Charles Baudelaire zog sich den Unmut seines Gastvolkes zu, als er giftige Bemerkungen über das *gueuze* machte, das damals noch mit Wasser aus dem verschmutzten Fluß Senne gebraut wurde. Die Brüsseler, so der französische Dichter, würden »ihren eigenen Urin trinken«, höhnte der streitsüchtige Poet, da die Senne »eine einzige große Latrine« sei.

Was diesem legendären Trank sonst noch so zustößt, das könnte Reinheitsgebotfanatikern einen Schock versetzen. Im Sommer kommen Kirschen aus der Brüsseler Gemeinde Schaarbeck hinzu, und das *gueuze* wird zu einem rosarot schäumenden *kriek. Framboise* nennt sich eine andere kuriose Variante mit Himbeeren. Und als Weltpremiere bezeichnet Bieralchimist Van Roy stolz eine von ihm nach langem Experimentieren ausgetüftelte Kreation: ein mit Muskatellertrauben angesetztes *gueuze*, das in limitierter Auflage nur unter dem Ladentisch gehandelt wird.

Van Roy, der seinen Beruf als Geographie- und Chemieprofessor an den Nagel gehängt hat, um in seinem Minibetrieb das *gueuze* wie zu Großvaters Zeiten unverfälscht und ohne Laborzutaten zu produzieren, gilt unter den großen Bierfabrikanten als Querdenker. Besucher jedoch lieben dieses Ambiente: die denkmalschutzwürdigen Brau-Ateliers mit ihren altertümlichen Produktionsgeräten, die allgegenwärtigen Spinnweben, die verstaubten Eichenfässer und knarrenden Treppen, die zu verwunschenen Lagerspeichern führen. Die Brauerei versteht sich gleichzeitig als »lebendiges Museum«, in dem sich die Gäste nach Belieben umsehen und die Schöpfung des *Brettanomyces brusselensis* probieren dürfen.

Das *gueuze* ist nur eines der unzähligen belgischen Biere. Spötter haben nämlich nicht ganz unrecht, wenn sie behaupten, daß neben König Albert II. ein weiterer Monarch das Zepter im Beneluxstaat schwingt: Fürst Gambrinus nämlich, der nach seinem angeblichen Ritt auf Bierfässern als Regent aller Gerstensaftgenießer in die Legende einging. Wenn die Belgier im Bistro, das sie *estaminet* nennen, zur mehrseitigen Bierkarte greifen, dann um eines der Spezialbiere zu bestellen. Das Angebot reicht von nachtschwarzen Abtei- und Trappistenbieren, die in pokalförmigen Gläsern ausgeschenkt werden, bis hin zum Kwak, das in einem kuriosen Instrumentarium kredenzt wird: einem schmalen, an große Laborgläser erinnernden Trinkgefäß, das in einem hölzernen Ständer mit Griff eingeklemmt ist. Es wird erzählt, daß im 17. Jahrhundert die Pferdekutscher dieses Unding benutzten, um sich auch während der holprigen Fahrt einen genehmigen zu können. Lustig kann es werden, wenn der Trinker beim letzten Tropfen angelangt, das Kwak plötzlich heimtückischen physikalischen Gesetzen gehorcht und eine bekleckerte Brust die Folge ist.

Auch im flandrischen Brügge kann man sich

gambrinologisches Wissen aneignen. Zu Beginn dieses »Lehrgangs« kauen wir mit fachkundiger Miene auf Gerstenkörnern herum, um den Geschmack dieses elementaren Bierrohstoffes zu erkunden. Wir lassen uns die Funktionsweise des Maischbottichs erklären, dessen zerbeulter Kupfermantel Indiz für die handwerkliche, bis ins Jahr 1889 zurückreichende Brautradition der Brügger Brauerei De gouden Boom (Goldener Baum) ist. Dann blicken wir durch eine Art Bullauge in den Gärtank, wo eine bräunliche Masse schäumt und brodelt. »Obergärig«, das sehen einige Kenner aus unserer Besuchergruppe sofort und verdrehen entzückt die Augen. »Der Sud ist das Blut, die Hefe die Seele«, versichert Brauingenieur und Mitbesitzer Paul Vanneste. In der Tat sind die Obergärigen die Stars unter Belgiens sechshundert Biersorten.

Im heimeligen, leicht antiquierten Backsteinambiente des Sudhauses von De gouden Boom wird uns allerlei Bierlatein eingetrichtert. In unseren Köpfen spuken nun gelehrte Begriffe wie Amylasen und Zymasen, Lupulon und Humulon herum. Höchste Zeit, daß der Brauereipatron uns zum Objekt der Begierde führt: zum Schankraum. Großes Jubeln bricht unter uns »Gerstensaft-Seminaristen« aus, als schaumiges, trübes Brügger Weißbier in stämmige Humpen gefüllt wird. Die erfrischenden Weißbiere, noch vor Jahrzehnten fast ganz vom belgischen Markt verschwunden, haben eine erstaunliche Renaissance erlebt: Selbst in den USA, dem Land des faden Dosenbieres, produzieren Lizenzbrauereien mittlerweile belgisches, mit so ungewöhnlichen Zutaten wie Koriander und Curaçao gemixtes Weißbier.

»Dies sind mehr die Tropfen fürs stille Genießen an einsamen Abenden«, meint Paul Vanneste, als er zum Probieren der beiden anderen Gouden-Boom-Erzeugnisse auffordert: die alkoholstarken, amberfarbenen Biere Abdij Steenbrugge und Brugse Tripel mit ihrem leicht karamellisierten Geschmack – »nach Geheimrezepten meines Großvaters gebraut«, wie der Brauer versichert.

Bierwissen muß unerbittlich gepaukt werden, und so steuern wir gelehrige Schüler gleich nach der morgendlichen Brauereivisite dem nächsten gambrinologischen »Hörsaal« entgegen: der Kneipe Brugs Beertje (Brügger Bärchen) in der Kemelstraat. Die mit Bierreklamen auf Emailschildern vollgehängte, urgemütliche Pinte ist das Reich von Wirt Jan de Bruyne, dem standfesten und allwissenden Brügger »Bierologen«. Ein Angebot von dreihundert belgischen Hopfen- und Malz-Wässern läßt Bierfans ins Schwärmen geraten. Unter dem wachsamen Auge des heiligen Arnold – eine Statue des Schutzpatrons der Brauer ist in einer Nische angebracht – begeben wir uns mit Jan de Bruyne auf Bierexpedition quer durch Belgien, Glas für Glas: vom Antwerpener De-Koning-Bier über ein *lambic* aus dem Pajottenland bei Brüssel bis zum Hommelbier aus Belgiens Hopfenstadt Poperinge.

Daß Belgiens Brauer vor skurrilem Humor nicht zurückschrecken, beweisen morbide Markennamen wie Satan, Judas, Lucifer, Guillotine oder Mort Subite (Plötzlicher Tod). Diese diabolischen Biere haben es meistens in sich. Vom vollmundigen Duvel (Teufel), dessen üppige Schaumkrone wie Schlagsahne auf dem goldgelben Naß dümpelt, weiß der englische Bier-Guru Michael Jackson in einem seiner Fachbücher zu berichten: »... ein wirklicher Wolf unter einem Schafsfell, denn unter dem Schaum kommt etwas Unheimliches, Sanftes hervor, das einem aber unversehens den letzten Hieb gibt.« Von der gleichen Schlagkraft ist auch das Bier Delirium tremens, das Jan de Bruyne uns nun vorsetzt. Das Flaschenetikett wird von kleinen rosa Elefanten geziert. Der Bierologe warnt augenzwinkernd: »Wenn man zuviel davon trinkt, werden die rosa Elefanten auf einmal ganz groß und trampeln hier in der Kneipe herum.«

Der Stundenplan von Brügges inoffizieller »Bierakademie« ist unerbittlich, sieht keine Pause vor. Nachdem sich bei einigen bereits »Abspannung und Lehnstuhlbehagen« eingestellt hat, wie es weiland Thomas Mann nach dem allabendlichen Genuß eines Hellen verspürte, steht der Besuch der zweiten Brügger Brauerei auf dem Programm. Schwänzen gilt nicht, und so lassen wir uns, ein Gähnen mühsam unterdrückend, durch die Anlagen der Hausbrauerei Straffe Hendrik führen. Das Verkosten des gleichnamigen Bieres beweist, daß dieses Gebräu tatsächlich recht »straff«, also stramm ist.

Kein Wunder, daß einige schon leicht ermattete Bier-Azubis nun eine der in Brügge allgegenwärtigen Pferdedroschken besteigen, sich erschöpft in den Ledersitz zurückfallen und ins Hotel kutschieren lassen, um dort ein kurzes, von gambrinologischen Träumen beflügeltes Nickerchen zu genießen. Denn am Abend wird der Unterricht fortgesetzt: beim Diner in einem Spezialitätenrestaurant, wo Karottensuppe mit *gueuze* und in Brabanter Vieux-temps-Bier mariniertes Kaninchen mit Pflaumen aufgetischt werden. Wer jetzt immer noch nicht kapiert hat, was untergäriges von obergärigem Bier unterscheidet, wie man die Stammwürze bestimmt oder weshalb in Belgien diverse Gerstensäfte sogar mit Champagnerkorken verschlossen werden, der wird zum Nachsitzen im Brugs Beertje verdonnert.

Langläufer kontra Birkhähne

Im Winter ist das Hohe Venn eine Region von melancholischer Schönheit

Ein wallonischer Geschäftsmann hatte einst einen Plan: Er wollte aufgelassene Kohlenhalden des Lütticher Reviers abtragen, mit Lastwagen in Belgiens Osten bringen und dort wieder auftürmen lassen. Die künstlichen Hügel sollten im Winter als Skipisten dienen. Immerhin ist das Plateau des Hohen Venns in den größtenteils deutschsprachigen Ostkantonen die höchstgelegene Region des Königreichs und kann sich des Rekordhalters unter den belgischen Koppen, des 694 Meter hohen Signal de Botrange rühmen. Das Klima ist rauh, und wenn Schnee fällt, dann reichlich. Jahre, wo man bis zu sechzig »weiße Tage« zählte, hat es zwar schon lange keine mehr gegeben, aber die Ostbelgier meinen dennoch voller Stolz: »Die Flamen haben den Strand, die Wallonen den Wald, wir haben den Schnee.«

Das kuriose Projekt des verwegenen Kohlenhaldeverwerters kam über das Stadium einer vielbespöttelten Schnapsidee nie hinaus. Die Skiläufer müssen sich weiterhin auf den wenigen Idiotenhügeln abmühen, an denen die meisten Abfahrten kaum länger als tausend Meter sind. Der belgische Teil des Naturparks Hohes Venn – Eifel, eingezwängt zwischen den Grenzen zu Deutschland, Luxemburg und den Niederlanden, taugte noch vor wenigen Jahren überhaupt nicht zum Wintersport-Dorado. Wenn sich die weiße Decke über die finster-schöne Venn-Landschaft mit ihren Mooren, Torfböden, Heidegräsern, dürren Birken und Kiefern legte, frohlockten allenfalls die Naturpuristen. Die Winterpracht der kargen Hautes Fagnes hatte schon so manch empfindsame Seele melancholisch gestimmt. »Soviel vollkommene Traurigkeit packte mein Herz im Venn ...«, gestand Apollinaire voll wohligem Schaudern.

Seit jedoch findige Köpfe herausgefunden haben, daß man Loipen sogar durch das Acker- und Weideland der Bauern ziehen kann, ist das feuchtkalte »Dach Belgiens« im Winter nicht mehr allein Refugium schwermütiger Poeten und auf Einsamkeit bedachter Naturgenießer. Das Langlauffieber hat die belgischen Ostkantone aus ihrem winterlichen Dornröschenschlaf wachgerüttelt.

Während jedes Jahr ab dem Spätherbst Hotelbesitzer, Wirte und Skiverleiher den ersten Flocken entgegenfiebern, bangen die Naturfreunde um Flora und Fauna. In schneereichen Saisons ist es schon mal vorgekommen, daß an einem einzigen Wochenende 33.000 Langläufer zwischen Sankt Vith und Eupen gezählt wurden, viele von ihnen stammen aus dem benachbarten Deutschland und dem nahen Holland. Der Massenandrang der Loipenfans schafft Probleme. Besonders in unmittelbarer Nähe des viertausend Hektar großen Naturschutzreservates, das man nur auf schmalen Holzstegen betreten darf, um die empfindlichen Heidekräuter und Wollgräser nicht zu zerstören, ist die Ökologie gefährdet. Obwohl sich die Sportler nur auf einem ausgeschilderten Loipennetz, das das Schutzgebiet säumt, tummeln dürfen, gibt es immer wieder Rowdies, die ausscheren, verbotenerweise über die verschneiten Moosteppiche hinweg ihre Bahnen ziehen und dabei so kostbare Pflanzen wie Siebenstern, Krähenbeere und Rosmarinheide niederwalzen. Zerstörter Moorboden abseits der vorgeschriebenen Wege führt überdies zu einem beschleunigten Wasserabfluß und zur Erosion von Torf, was das Austrocknen der Moore zur Folge hat.

»Auch die dreißig hier noch lebenden Birkhähne sind durch den Wintersportrummel gefährdet«, klagt der Leiter des Naturparkzentrums. »Im Winter brauchen diese vom Aussterben bedrohten Tiere besonders viel Ruhe. Werden sie von Langläufern aufgescheut, flüchten sie und verbrauchen dabei so viel Energie, daß sie sterben können.«

Zu allem Überdruß gibt es auch noch jene Spezies von Loipen-Desperados, die die markierten Routen verlassen, plötzlich vom heimtückischen Venn-Nebel überrascht werden und sich im seichten Torfmoor verirren. Forst- und Gendarmeriebeamte müssen regelmäßig ausschwärmen, um die unfreiwilligen Überlebenstrainierer noch vor Einbruch der Nacht aufzustöbern und vor dem drohenden Erfrieren zu retten.

Dabei müßte die Chronik der Hautes Fagnes Warnung genug sein. In der Moorheide verstreute Gedenkkreuze mahnen an schaurige Episoden. Im Nebel oder im Schneesturm Verirrte hauchten hier ihr Leben aus. Das am häufigsten in kitschigen Romanen beschriebene Venn-Kreuz ist die Croix des Fiancés. Sie markiert die Stelle, an der im Jahre 1871 zwei Verlobte im eisigen Schneegestöber erfroren. Mehr Glück hatte ein gewisser Michel Schmitz, der um 1800 bei Nacht und starkem Nebel errettet wurde. Er gelobte, an jener Stelle, an der er durch ein geheimnisvolles Licht wieder auf den Weg gefunden hatte, eine Hütte mit einer Glocke zu errichten, deren Läuten Wanderer, die die Orientierung verloren hatten, leiten sollte. Heute ist die Baraque Michel eine florierende Gaststätte. Die Glocke hängt wie eh und je an der Außenfassade, aber es sind eher dampfende Gulaschsuppen und belgische Klosterbiere, die die Venn-Besucher anlocken.

Gottlob wurde beizeiten die Notbremse gezogen, um eine anarchische Entwicklung der winterlichen Freizeitaktivitäten zu verhindern. So hat die Naturparkleitung unter den Waldarbeitern »Loipen-Sheriffs« rekrutiert, die dafür sorgen sollen, daß keine Langläufer mehr die Birkhähne in Panik versetzen und das Hohe Venn unsicher machen. Saftige Geldstrafen, äußerstenfalls sogar die Beschlagnahmung der Ausrüstung, sollen abschreckend wirken. Da diese Maßnahmen kostspielig sind, werden die Wintersportler zur Kasse gebeten: Für die Loipen in Reservatnähe ist der Erwerb einer Loipen-Vignette Pflicht.

Außer den Loipen im Hohen Venn gibt es in den ostbelgischen Ortschaften noch insgesamt sechshundert weitere Loipenkilometer, die genauso reizvoll und nicht so überlaufen sind. Meistens sind sie obendrein noch kostenlos. Die Dörfer, deren Gehöfte sich zum Schutz gegen Wind und Schneestürme hinter meterhohen Buchenhecken verschanzen, haben für die nötige Langlaufinfrastruktur gesorgt. Oft sind es rührige örtliche Vereine, die den Anstoß dazu geben. In Xhoffraix ist es zum Beispiel der Fußballklub, der die Loipen managt, und in Rocherath, dem höchsten Dorf Belgiens, das Verkehrsbüro. Allerorten hat man in Klublokalen, Schützenhäusern und Scheunen kleine gemütliche Langlaufzentren eingerichtet, die Zum Himmelchen, Rotheck oder Herzebösch heißen. Dort werden Ski verliehen, heißer Grog und Brote mit Ardenner Schinken serviert.

Als Pionier dieser Entwicklung preist sich Büllingen an, wo man schon Anfang der siebziger Jahre den Langlauftrend erkannte. Laut Prospektwerbung ist die Büllinger Loipe die »malerischste in der ganzen Region«, sie »schlängelt sich durch Waldungen, windet sich über Wiesen und Fluren dem idyllischen Tal zu, wo die junge Amel eigenartige Windungen im unberührten Schnee zieht ...«. Eine blumigere Streckenbeschreibung findet man kaum.

Gaston Lagaffe und die Schlümpfe

Im Reiche der BD

Ob der 1993 verstorbene König Baudouin in seinen Gemächern lieber in den Comic-Abenteuern von Lucky Luke, Tim und Struppi oder den Schlümpfen schmökerte als trockene Parlamentsakten zu studieren, darüber schwieg das Protokoll sich diskret aus. Eins ist jedoch sicher: Im Königspaar hatten Belgiens Comic-Zeichner ihre prominentesten Fürsprecher gefunden. Nicht zuletzt auf Drängen der Monarchen wurde in Brüssel das weltweit einzigartige Comic-Zentrum aus der Taufe gehoben. Als das Museum im Oktober 1989 feierlich eröffnet wurde, waren König Baudouin und Königin Fabiola sogar gemeinsam präsent, was von der Comic-Zunft als große Sympathieerweisung gewertet wurde.

Die *Bandes Dessinées* (gezeichnete Streifen), nach französischer Eigenart meist nur nach der Abkürzung BD *bédé* genannt, genießen in Belgien hohe Achtung. Sie werden als neunte Kunst aufgeführt, gleichberechtigt mit den anderen Musen. Die BD, die sechzig Prozent der gesamten Verlagsproduktion ausmachen, sind einer der größten Exportschlager Belgiens. Jährlich gelangen 850 neue Titel auf den Markt. Man zählt nicht weniger als 650 Comic-Zeichner, wovon 450 ihr Handwerk als Full-time-Job ausüben.

Der Aufstieg Belgiens zur BD-Nation und Brüssels zur Welthauptstadt der Comics begann, als der Brüsseler Georges Rémi unter dem Pseudonym Hergé im Jahre 1929 erstmals die Abenteuer eines gewissen Tintin in der Kinderbeilage einer Tageszeitung veröffentlichte. Der vife Reporter Tintin, sein cleverer Hund Milou (in deutschsprachigen Ländern als Tim und Struppi bekannt), der ewig fluchende und whiskytrinkende Kapitän Haddock sowie die Zwillingsdetektive Dupond et Dupont wurden zu den populärsten Helden der Comic-Geschichte. Bis zu Hergés Tod im Jahre 1983 kamen 24 Tintin-Bände mit einer Gesamtauflage von hundert Millionen in die Buchläden des gesamten Globus. Übersetzt wurden die Tintin-Stories in 34 Sprachen, von Afrikaans über Luxemburgisch bis Esperanto.

Man nahm Hergé nicht übel, daß einige seiner ansonsten harmlosen Erstlingswerke von erzkonservativem Gedankengut durchsetzt waren. So geriet der 1930 erschienene »Tintin in der Sowjetunion« zu einem antikommunistischen Pamphlet. Und in »Tintin im Kongo« wird genüßlich koloniales Herrendenken verbreitet. Man verzieh dem Zeichner auch seine dubiose Rolle im Zweiten Weltkrieg, wo er sich den Besatzern gegenüber auffallend hilfsbereit zeigte. Heute wird Hergé in einem Atemzug mit berühmten Belgiern wie dem Maigret-Vater Georges Simenon oder dem Chansonnier Jacques Brel genannt. In einer seinerzeit durchgeführten Umfrage rangierte er, was die Beliebtheit betraf, gleich hinter Königin Astrid und noch vor dem Autorennfahrer Jacky Ickx. Im Park der Brüsseler Gemeinde Uccle hat man dem vielgereisten Tintin und seinem Vierbeiner ein Denkmal gesetzt. Und auf dem ehemaligen Hochhaus des Lombard-Verlages bei der Gare du Midi blicken die beiden, überdimensional groß, auf die Brüsseler Stadtsilhouette herab.

Selbst in Brüssels Universität hat der blondgelockte Reporter Einzug gehalten, wo Studenten, »Tintinologen« genannt, dem Star des Sprechblasenreiches ihre Abschlußarbeit widmen können.

Der Erfolg Hergés animierte damals viele andere Zeichner. Bis dahin hatten nämlich vor allem aus den USA importierte Bildergeschichten den belgischen Blätterwald beherrscht. 1938 entstand die Zeitschrift *Spirou,* auf deren Seiten in den fünfziger Jahren so bekannte Zeichner wie Franquin (»Gaston Lagaffe«, »Marsupilami«), Roba (»Boule et Bill«), Morris (»Lucky Luke«) oder Peyo (»Schlümpfe«) ihrer Fantasie freien Lauf lassen konnten. Selbstredend wurde ab 1946 auch ein BD-Magazin namens *Tintin* verkauft, ein Forum nicht nur für Hergés eigene Figuren, sondern auch für jene von Tibet (»Detective Ric Hochet«), Weinberg (»Le Triangle Bleu«), Bara (»Max l'Explorateur«), Dupa (»Cubitus«) oder Greg (»Achille Talon«). Beide Publikationen waren in französischer Sprache; noch heute liefern die Wallonen den Großteil der belgischen BD-Produktion. Doch auch die Flamen haben in ihren Reihen bekannte Zeichner wie Bob de Moor, Vandersteen, Tibos oder Steurbaut. Seit den fünfziger Jahren publizieren sie vorwiegend in Tageszeitungen wie der *Gazet van Antwerpen, De Standaard* oder *Het Laaste Niew.* Zu den BD-Stars der neuen Generation zählen Künstler wie Schuiten, Servais oder Comés.

Die Meilensteine belgischer BD-Kultur kann man im recht ausgefallenen nationalen Comic-Zentrum, Rue du Sable Nummer 20, betrachten. Das Museum ist mitsamt seiner Bibliothek, dem mit Computern ausgerüsteten Studienzentrum, der BD-Buchhandlung Slumberland, den Konferenzräumen, der Videothek und einer Restaurant-Brasserie in den 1903 von Victor Horta geschaffenen Verkaufs- und Lagerräumen des ehemaligen Textilgeschäftes Waucquez untergebracht. 17 Jahre lang stand dieses dem Verfall überlassene Kleinod Brüsseler Art-déco-Architektur leer, von den Clochards als heimlicher Unterschlupf geschätzt. Seit 1989 glänzen die lichtdurchfluteten Balkonetagen, die großzügigen Treppen, die Kandelaber, die an Kontore erinnernden Holzregale und die schmiedeeisernen Geländer in neuer Pracht. Die Art-déco-Elemente kontrastieren mit den bunten Exponaten, mit Objekten zur Entstehungsgeschichte der Comics, mit den ausgestellten Originalentwürfen und Druckplatten berühmter Zeichner, mit dreidimensionalen Nachbildungen bekannter Kulissen aus BD-Werken oder mit der Rekonstruktion eines Studios für Zeichentrickfilme. Ein Modell der rot-weiß karierten Rakete aus »Tintin auf dem Mond« darf natürlich nicht fehlen. Nahezu 25.000 Comic-Bände aus der ganzen Welt können im Lesesaal der Bibliothek, *bédéthèque* genannt, eingesehen werden, wobei man darauf achtet, nur »jugendfreie« BD-Kost zu verleihen.

Im Comic-Zentrum erfährt man auch, daß die blauen Schtroumpfs-Wichte (wie die Schlümpfe im Original heißen), zwar nicht auflagenmäßig, aber von der Gesamtvermarktung her einsame Spitzenreiter sind. Den Schlümpfen, vom Belgier Peyo erfunden, wurde nicht nur ein ganzer Vergnügungspark im französischen Lothringen gewidmet, es gibt sie auf den Packungen von Teigwaren, in Plüsch, auf T-Shirts, auf Schallplatten … alles in allem sind es zweitausend Produkte, die mit den auch im TV-Business mitmischenden Comic-Zwergen werben. Vierhundert Millionen Plastikfiguren, vom Oberschlumpf bis zum Schlumpfinchen, wurden mittlerweile angefertigt. Weltweit kennt man die blauen Männlein, auch wenn sie je nach Land andere Namen tragen: in den USA nennt man sie Smurfs, in Israel Dardassim, in Italien Puffi und in Japan Su-Ma-Fu.

Seit der Eröffnung des Brüsseler Mekkas der Comic-Fans, das vom früheren Hergé-Mitarbeiter und Koloristen Guy Dessicy geleitet wird, sind die Preise in der BD-Sammlerszene rapide gestiegen. Für frühere Druckplatten belgischer Comic-Pioniere werden mittlerweile bis zu umgerechnet dreißigtausend Mark verlangt. Der Versicherungswert eines einzigen originalen Skizzenbogens von Hergés »Tintin und die Affäre Tournesol« beträgt hunderttausend Mark. Sogar eine regelrechte »BD-Kriminalität« wurde in den letzten Jahren festgestellt: Häufig bekommen renommierte Comic-Verlagshäuser Besuch von Einbrechern, die nicht am Firmensafe interessiert sind, sondern an alten Sammlerkollektionen.

Das BD-Fieber treibt mitunter seltsame Blüten. So wollten einige Geschäftsleute allen Ernstes eine dreihundert Meter hohe Tintin-Rakete in den Brüsseler Himmel wachsen lassen, mit Restaurants, Ausstellungssälen und Boutiquen. Das monströse Projekt verschwand gottlob in der Schublade.

Im Schatten der Grenze

Die Our-Forellen kümmern sich nicht um Staaten

»Wo bitte entspringt hier die Our?« Der Tankwart zeigt in die eine Richtung, der Briefträger in die andere. Wir blicken einander ratlos an. Nun ja, so genau wollen wir es nun auch wiederum nicht wissen. Die Our, die in der belgischen Torfheide des Losheimer Grabens ihre schwer aufzustöbernde Quelle hat, ist ein kapriziöser Fluß, der seine Besucher foppt und sich immer wieder ihren Blicken entzieht. Doch wir lassen uns nicht entmutigen, wollen dem launischen Eifeler Mini-Orinoco von seinem schwammigen Quellgebiet bis zur Mündung in die luxemburgische Sauer auf der Spur bleiben. Der Reiz der Our geht nicht zuletzt von ihrer Lage an der Nahtstelle dreier Länder aus. Das Gewässer markiert in seinem Verlauf weite Teile der Grenze zwischen Belgien und Deutschland und – mit Ausnahme einer drei Kilometer langen Strecke bei Vianden – zwischen Luxemburg und Deutschland.

Eigentlich war die Entdeckungsreise als mehrtägiger Fußmarsch geplant, doch wanderkundige Freunde hatten uns entgeistert angeschaut, als wir ihnen unser Vorhaben unterbreiteten. Der Grenzfluß mäandert nämlich besonders am Anfang seines 78 Kilometer langen Laufes so keck durch eingezäuntes, strubbeliges Weideland, daß man sich seinen Ufern nur nach Überwindung von Stacheldrähten und Weidezäunen nähern kann. Mürrisch beschlossen wir also, Rucksack Rucksack sein zu lassen und auf das nun gar nicht spannende Fortbewegungsmittel Auto umzusatteln, um dem weitgehend von Industrie und Urbanisation verschonten Gewässer zu folgen.

Am Losheimer Grenzübergang bleibt unsere Fahndung nach der Wiege der Our weiterhin erfolglos. Dafür entdecken wir ein belgisches Möbelhaus, das an der Straßenfront eine »Ardenner Möbelgalerie« vorgaukelt, sich an der Hinterfassade jedoch als »Original flämische Möbelgalerie« outet. Bloßer Vorwitz hätte uns wohl auch in die ganzjährig geöffnete Krippana gelockt, die sich als »Europas größte, schönste und bedeutendste Kirchen-Krippenausstellung« preist. Doch unser Streben gilt der Begegnung mit dem Fluß. Ersten Sichtkontakt mit der Our, die hier noch ein quirliges, gurgelndes Bächlein ist, haben wir an einer Steinbrücke bei Berterath. Eine Verwechslung mit einem anderen Venn-Rinnsal ist nicht möglich, denn auf einem Schild steht groß und deutlich »Our«. Der Name des Sponsors der touristischen Tafel, einer wallonischen Bank, wurde übertüncht. Die abstruse belgische Sprachenfehde macht nicht vor den deutschsprachigen Ostkantonen halt; gottlob bleibt die Our immer die Our, ob auf deutsch, wallonisch, flämisch oder sogar auf »lëtzebuergesch«.

Mal rückt die Our kilometerweit von jeder Behausung ab, um sich entlang von Buchengehölz und knorrigen Pappeln in Richtung Süden zu winden, mal macht sie uns den Gefallen, sich ganz nah an die Straße heranzuschwingen. Noch können wir bei unseren Spaziergängen das torfbraun gefärbte Wasser überspringen, noch ist die Our nicht zum erwachsenen Fluß angeschwollen, der weiter südwärts mächtige Turbinen antreibt.

Wir fahren durch stille belgische Weiler mit weißgekalkten Häusern, in denen die Wirtschaften Waldecho oder Waldnest heißen und wo Plakate zum »Großen volkstümlichen Abend mit den Uflbacher Musikanten« einladen. In Manderfeld machen wir Rast. Verschwunden sind die karolingischen Bauten, die einst Karl der Große (742–814) errichten ließ, der hier Keiler und Hirsche jagte. Die Manderfelder Kirche, die 1335 erstmals urkundlich erwähnt wird und deren gotischen Mauern aus dem 16. Jahrhundert stammen, hat die Jahrhunderte überdauert. Rund um den Gottesbau schimmert in der Morgensonne der rötliche, moosgesprenkelte Sandstein eines fast vierhundert Jahre alten Kreuzwegs. Die steinernen Figuren einer Grablegungsgruppe werden von den Manderfeldern nicht sehr pietätvoll »Siebenschläfer« genannt.

Jener Teil der Ourtal-Straße, der auf belgischer Seite von Manderfeld bis nach Burg-Reuland führt, bietet Landschaftsidyllen wie aus der Mineralwasserwerbung. Der Fluß bohrt sich von flachen, mit Butterblumenmuster überzogenen Talwiesen in tiefen, von schroffen Felsen umgebenen Mischwald. Aus dem stotternden Glucksen ist eine rauschende, gebetsmühlenartige Litanei geworden. Im Ufergebüsch erspähen wir einen Graureiher, der regungslos sein kreuchendes und fleuchendes Mittagsmahl ins Visier nimmt. Es riecht nach Pfefferminz, wildem Salbei und Johanniskraut. Kein Campingplatz, kein Kanuverleih, kein Grillplatz trüben an dieser Stelle die Naturbelassenheit des Oberen Ourtales.

Drüben, auf deutscher Seite, liegt der Vierzig-Seelen-Ort Hemmeres. Dort wurde die Grenze immer wieder zur Farce. Vor 1918 war Hemmeres deutsch, von 1918 bis 1940 belgisch, von 1940 bis 1945 wiederum deutsch. Weil die Eisenbahnstrecke vom belgischen Sankt-Vith bis zum luxemburgischen Ulflingen hier für einen knappen Kilometer vom rechten auf das linke Ourufer wechselte, wurde Hemmeres von 1945 bis 1958 Belgien einverleibt. Als wegen mangelnder wirtschaftlicher Rentabilität die Gleise abgebaut wurden, verlor Hemmeres seine strategische Daseinsberechtigung und wurde vom Königreich wie ein lästiges Anhängsel wiederum Deutschland zugeschoben. Der Ort gelangte zu literarischem Ruhm, als Alfred Andersch ihn als Kulisse für seinen Roman »Winterspelt« nahm, der während der Ardennenoffensive im Zweiten Weltkrieg spielt.

Die Our, deren Farbenpalette von Anthrazitgrau über Lehmgelb bis Tintenblau reicht, müßte eigentlich adligen Geblüts sein. Immerhin haben Ritter und Grafen die geschützte Lage des Wasserlaufs geschätzt und ihre Kastelle im Kerbtal gebaut. Von der Burg, die Burg-Reuland ihren Namen gab, steht noch eine Ruine, die bis ins 12. Jahrhundert zurückreicht. In der Sankt-Stephanuskirche am Fuße der Feste befindet sich ein Sarkophag aus schwarzem Schiefer mit den Skulpturen von Balthasar von Pallandt und seiner Gemahlin Elisabeth von Milledonck, die Anfang des 17. Jahrhunderts bestattet wurden. Alle Schätze, die die Ritter »von Rulant« während der Kreuzzüge zusammenrafften, konnten nicht verhindern, daß das Geschlecht verarmte und es für die französischen Revolutionstruppen ein leichtes war, die Burgbesitzer davonzujagen und die Wehrmauern zu zerstören.

Die Legende vom »Rittersprung« spielt in mittelalterlichen Zeiten. Wir passieren den sagenumwobenen Felsvorsprung, als wir uns dem Dorf Ouren nähern. Ein Raubritter hatte sich in die Gemahlin des Herren von Ouren verliebt und sich auf Pferderücken mit der Angebetenen davongemacht. Die Verfolger kreisten die Flüchtenden ein, und der bedrängte Ritter ließ sein Pferd vom Felsen in die Fluten der Our springen. Weder dem Roß noch dem ehebrecherischen Paar geschah ein Leid. Als Dank für die wundersame Rettung gelobte der Ritter, eine Kapelle zu stiften. Weil der Finsterling sein Gelöbnis jedoch nicht einhielt, ereilte ihn der Zorn des Allmächtigen und er wurde vom Blitz erschlagen.

In Ouren liegt im Zeitungsgeschäft *Het laaste Niews* aus. Privatpensionen vermelden *kamers to verhuur* und Cafés locken mit *het coffie is klaar.* Der Flecken im Dreiländereck ist fest in flämisch-niederländischer Hand. Die Wohnstuben der am Hang aufgereihten Ferienhäuschen strahlen Häkelgardinen- und Sofakissenbehaglichkeit aus. Für die an Polderplattheit gewöhnten Flamen und Holländer haben die Kuppen von Eifel und Ardennen alpine Ausmaße. Beim Europadenkmal, im Schatten der Steinblöcke, die die Unterzeichnerstaaten der Europäischen Wirtschaftsgemeinschaft symbolisieren, treffen wir Ausflügler in grellfarbenen Trainingsanzügen beim Picknick mit Ardenner Schinken und Dosenbier an.

Südlich von Ouren verwischen sich die Grenzen, und wir erkennen nicht genau, wo das eine Hoheitsgebiet aufhört und das andere beginnt. Der Reibach trennt, wenn auch kaum sichtbar, Belgien von Luxemburg. Bei der Mündung des Baches in die Our ist es wiederum der Fluß, der die Grenze zieht und Luxemburg von Deutschland »scheidet«. Wenn denn von einer »Scheidung« im Europa des Schengener Abkommens überhaupt die Rede sein kann. Der luxemburgische Schriftsteller Lex Jacoby hat dem Gewässer längst seine ländertrennende Funktion aberkannt: »In den Wassern der Our wandern Tag für Tag und Nacht für Nacht etwa tausend Forellen, tausend Aale und tausend Barben von Luxemburg nach Deutschland und von Deutschland nach Luxemburg und naschen mal einen großherzoglichen Regenwurm, mal eine Köcherfliege aus Deutschland. Forellen, Aale und Barben kümmern sich weder um Zollbeamte noch um den imaginären Grenzstrich, der einen fröhlichen Fluß in rotweißblaue und schwarzrotgoldene Wasser teilen möchte.«

Neidisch blicken wir den Wanderern nach, die ab Ouren auf luxemburgischer Seite einen der aufregendsten Abschnitte des Ourtales in Angriff nehmen: den fünfzehn Kilometer langen Wanderpfad, der über weichen Waldboden und kantiges Schiefergestein bis nach Dasbourg-Pont führt. Es stört keine Straße in diesem romantisch-rauhen Teil des Ourtals. Mit Ausnahme von zwei stillgelegten Mühlen, der Kalborner Mühle und der Tintesmühle, gibt es keine Siedlung. Zu eng ist hier der Talboden, zu steil sind die Hänge, um Platz für Dörfer zu lassen.

Die Wälder in der heutigen belgisch-deutsch-luxemburgischen Grenzregion wurden früher stark strapaziert. Vor dem Raubbau durch Holzfäller, Köhler und Lohgerbenschäler warnten 1772 in einer Denkschrift sogar die Trierer Kurfürsten: »Es ist überhaupt in denen Waldungen gehauset worden, als wan das Holtz wie Salatt im Garten wachsen thäte.« Flora und Fauna im Mittleren Ourtal, Teil des deutsch-luxemburgischen Naturparks, haben sich erholt. Im dichten Unterholz der Buchen- und Eichenwälder finden Haselhuhn und Wildkatze Unterschlupf. Im und am Wasser kommen noch Flußperlmuschel, Eisvogel, Wasseramsel und Blauflügelprachtlibelle vor.

Im Dreiländereck werden die motorisierten Ausflügler für ihre Bequemlichkeit bestraft. Sie müssen zeitweilig Abschied vom Fluß nehmen und via Lieler und Heinerscheid bis auf das borstige Hochplateau des Eisslek, wie die luxemburgischen Ardennen heißen, hinauffahren. Erst nach einem großen Bogen können sie bei Tintesmühle Wiedersehen mit dem Flußtal feiern.

Wir fahren bei Tintesmühle über eine der raren Grenzbrücken hinüber nach Deutschland und gelangen über Dahnen nach Dasburg. Wie ein von Karies angenagter Zahnstumpf ragt der Turm einer Burgruine über der adretten Ortschaft, die schon mal einen Preis bei »Unser Dorf soll schöner werden« davontrug. Die Brücke führt hinüber zum luxemburgischen Zwillingsort Dasbourg-Pont, der lediglich aus einem leerstehenden Zollgebäude, einer Gaststätte und einer Tankstelle besteht. An den Zapfsäulen stehen Wagen mit deutschem Autoschild Stoßstange an Stoßstange. Sprit ist im Großherzogtum preiswerter als bei den deutschen, französischen und belgischen Nachbarn. Gleiches gilt für Schnaps, Zigaretten und Kaffee. So wirbt die Tankstelle für Röstmischungen, für »Sanft veredelt« und für »Mein liebster Duft«. Wir finden, daß es stinkt, nach Benzin und Öl. Schnell also weiter, auf einer gut ausgebauten Uferstraße, die jetzt der Our kaum noch untreu werden wird.

Spätestens beim luxemburgischen Vianden verliert die Our ihre Unschuld, betreibt sie profane Geschäftemacherei, indem sie Strom für ganz Europa produziert. Wir betreten eine 330 Meter lange Kaverne, die das »Herz« des größten Pumpspeicherwerks der Welt ist. Außerdem ist die von der SEO (Société Electrique de l'Our) betriebene, 1964 eingeweihte Anlage mit jährlich hunderttausend Besuchern eine der erfolgreichsten Touristenattraktionen des Großherzogtums. Wir blicken auf titanische, rot und blau angestrichene Pumpen, Turbinen und Generatoren. Die SEO benutzt in Zeiten niedrigen Strombedarfes den billigen Überschuß, um das Ourwasser aus dem unteren Stausee in die 280 Meter höher gelegenen Becken auf dem Nikolausberg oberhalb von Vianden zu pumpen. Dort wird das Wasser so lange gespeichert, bis es in Zeiten ansteigenden Elektrizitätskonsums zum Turbinenantrieb abgefahren wird, um teure Spitzenenergie zu erzeugen.

Zur Entstehungszeit war das Pumpspeicherwerk eine der gigantischsten Baustellen Europas. Die Eingriffe in die Natur waren gewaltig. Das Flußbett mußte stellenweise um dreihundert Meter verbreitert werden; ganze Teile des Dorfes Bivels versanken in den Fluten; Stollen wurden ins Gestein getrieben; Ringdämme aufgeschüttet. Heute verbergen sich die SEO-Bauten diskret in sattgrüner Landschaft. Fichten, Eichen und Ginster haben gnädig so manche durch die Baggerschaufel verursachte Wunde gepflastert. Allenfalls die 220.000-Volt-Hochspannungsleitungen, die sich von Hügel zu Hügel schwingen, zeugen von der industriellen Zähmung des Flusses.

In Vianden spiegelt sich in der Our die Silhouette der Schloßburg, deren älteste Zinnen bis ins neunte Jahrhundert zurückreichen. Das bedeutendste Baudenkmal Luxemburgs, seit den siebziger Jahren aufwendig restauriert, ähnelt mit seinen mächtigen Treppengiebeln, seinen monumentalen Kleeblattfenstern und seinem schiefergepanzerten Dach einem steinernen Schlachtschiff. Erbauer waren die Viandener Grafen, die im 13. Jahrhundert das einflußreichste Geschlecht der westlichen Eifel waren.

Die Burg ist der Stolz der Einwohner. Nach der verheerenden Ardennenoffensive im Zweiten Weltkrieg telegraphierte der Bürgermeister an die Regierung: »Alles in Ordnung, Stadt in Trümmern, Schloß gerettet.« Auch der französische Schriftsteller Victor Hugo war von den bereits zu seiner Zeit zur Ruine verkommenen Wehrmauern fasziniert. Als Feind Napoleons III. ins Exil gegangen, war Hugo nach einer Odyssee über die Kanalinseln und Belgien 1871 in Vianden angekommen, wo er für mehrere Monate Quartier in einem bescheidenen Haus nahe der Brücke bezog.

Auf der Ourbrücke in Vianden wacht ein Standbild des Heiligen Nepomuk, der von den Einwohnern *Bommenzinnes* getauft wurde, eine Verballhornung des böhmischen Zungenbrechers Nepomucenus. Glaubt man der Legende, so löst sich der Heilige jeweils um Mitternacht von seinem Sockel und dreht sich dreimal um die eigene Achse. Wer einmal beim feuchtfröhlichen Veianer Nössmoart im Oktober den Verlockungen des hochprozentigen Nußbranntweines erlegen ist, der wird nicht ausschließen, daß der Nepomuk zu fortgeschrittener Stunde tatsächlich Saltos schlägt.

Südlich von Vianden naht der Abschied von

der Our. Noch gönnen wir uns einige grenzüberschreitende Abstecher. So der Bummel über einen schmalen Fußgängersteg hinüber zum deutschen Ort Roth. Dort besuchen wir die romanische, dreischiffige Kirche, in der das Rother Männchen, eine Figur mit erhobenen Armen in der Mittelapsis, den Geschichtsforschern noch immer Rätsel aufgibt.

Bald leuchten die karminroten Dächer des deutschen Ortes Wallendorf in der Abendsonne. Endstation unserer Erkundungsreise. Ehe sie ihre Wasser in die Sauer speit, welche wiederum in die rheinwärts fließende Mosel mündet, zieht die Our im Schatten der Grenze eine letzte majestätische Schleife.

Nachsatz

Den Reportagen in diesem Buch liegen Texte zugrunde, die erstmals in der *Zeit* und in der *Frankfurter Allgemeinen Zeitung* erschienen. Für die Veröffentlichung in Buchform wurden diese Beiträge überarbeitet, aktualisiert und um zusätzliche Informationen ergänzt.